Cohen/Cohen · Unternehmen auf der Couch

Unternehmen auf der Couch

William A. Cohen
und
Nurit Cohen

Rudolf Haufe Verlag · Freiburg i. Br.

Die Deutsche Bibliothek – CIP-Einheitsaufnahme

Cohen, William A.:
Unternehmen auf der Couch / William A. Cohen und Nurit Cohen. [Einzig berecht. Übers. aus dem Amerikan. von Maria Bühler]. – Freiburg i. Br. : Haufe 1994
(Haufe-Management-Praxis)
Einheitssacht.: The paranoid corporation and 8 other ways your company can be crazy <dt.>
ISBN 3-448-03023-6
NE: Cohen, Nurit:

ISBN 3-448-03023-6 Bestell-Nr. 01.71

Lektorat: Dipl.-Betriebswirtin (FH) Arnhild Rasilier, Freiburg i. Br.
Einzig berechtigte Übersetzung aus dem Amerikanischen von Maria Bühler
Titel der Originalausgabe: „The paranoid corporation and 8 other ways your company can be crazy“

Umschlagentwurf: Michael Wiesinger, Freiburg i. Br.

Satz und Druck: Freiburger Graphische Betriebe

Statt eines Vorwortes: Experten äußern sich zur Originalausgabe

„Ein völlig neues Konzept mit neuen Techniken, die auf sämtlichen Führungsebenen in den unterschiedlichsten Organisationen nützlich sind. Und das Beste daran... sie funktionieren!"

Karen McTier, Director of Franchising, *Warner Brothers*

„William und Nurit Cohen legen in diesem Buch ungeheuer wertvolle Ideen vor... Ihre therapeutischen Techniken sind in Gruppen jeder Größe problemlos durchführbar und außerordentlich hilfreich. Das Unternehmen als eigenständige Persönlichkeit zu behandeln erweist sich für die Führenden wie für die Geführten als unschätzbare Hilfe."

Jerry Fogel, Senior Vice President, *Martin Fromm, Inc.*

„Ein herausragendes Buch! Kein Chef einer Fortune 500-Gesellschaft und kein Unternehmer sollten sich die Lektüre entgehen lassen."

Dickson Louie, Circulation Planning Manager,
The Los Angeles Times

„So sehr ich mich bemühte, ich stieß nicht zur Wurzel unseres Problems vor. Erst als ich den Test aus diesem Buch anwandte, konnte ich eine umfassende Diagnose erstellen... einfach großartig!

Todd A.Senft, Assistant Marketing Manager,
Mrs. Smith's Frozen Foods, Inc., Kellogg-Gruppe

„Dieses Buch ist bahnbrechend. Es könnte einen entscheidenden Einfluß auf die ‚Behandlung' von Unternehmen aller Art haben und ihre Produktivität steigern."

Tom. H.Woods, Herausgeber von *Business Forum*

„Faszinierend... Ein völlig neuer Ansatz, um das Management von Organisationen jeder Art zu verbessern. Ich konnte das Buch nicht mehr aus der Hand legen!“

Eleanor Field, Ph.D., Klinische Psychologin
Diplomate, *American Board of Psychotherapists*

„Ich kann es mir nicht leisten, daß mein Unternehmen weniger als 100 Prozent Leistung bringt. Als Ingenieur habe ich mich bisher auf die herkömmlichen quantitativen Methoden verlassen. Aber wenn ein Unternehmen krank ist, kommt man damit nicht weit. Dagegen sind die Vorschläge von William und Nurit Cohen wirklich hilfreich. Ich kann ihr Buch nur wärmstens empfehlen.“

William Rowley, Ph.D., President,
Rowley International

„Viele große Unternehmen könnten immer noch existieren, wenn jemand dieses Buch gelesen hätte. William und Nurit Cohen haben eine praktische Methode entwickelt, um die Erkenntnisse der klinischen Psychologie auf Unternehmen zu übertragen. Jeder kann sie anwenden, um Störungen zu diagnostizieren und zu behandeln. Aber auch beschwerdenfreie Firmen können viel daraus lernen.“

Nancy Croft Baker, Herausgeberin, *Environment Today,*
Mitautorin von *The Frugal Marketer*

„Pflichtlektüre für Organisationsentwickler, Berater und Führungskräfte auf allen Ebenen eines Unternehmens. Das Buch sollte ein Bestseller werden.“

John Wholihan, Dekan, College of Business Administration,
Loyola Marymount University

„Ein bahnbrechender Ansatz, der garantiert zu weiteren neuen Ideen, zu einer neuen Sichtweise von Problemen und zu neuen Lösungsansätzen anregt.“

Cort Durocher, Executive Director,
American Institute of Aeronautics and Astronautics

„Ein sehr pragmatischer Ansatz, um psychotische und neurotische Störungen in unseren Unternehmen zu verstehen und zu behandeln.“

Esker Davis,
The Jet Propulsion Laboratory

„Das Buch ist voll neuer Erkenntnisse und ermöglicht ein ganz neues Verständnis für Unternehmenskrankheiten und ihre Behandlung... ein erfrischender und praktischer Ansatz.“

Marlene W.Futterman, Executive Director,
Direct Selling Educational Foundation

„Ausgezeichnet.. Das Buch gehört sicher zu den wichtigsten Neuerscheinungen des Jahres... Unverzichtbar für Führungskräfte und Unternehmer.“

Richard Poe, ehemaliger Herausgeber, *Success Magazine,*
Autor von *How to Profit from the Coming Russian Boom*

Inhalt

Einleitung: *Managementrezepte sind nicht alles* – Der Psychiater im Unternehmen

Schon seit vielen Jahren sind wir nicht nur in der Ehe, sondern auch im Beruf Partner. Der eine hat Erfahrungen im Unternehmensmanagement und bei Militärbehörden gesammelt und jahrelang Wirtschaftswissenschaften gelehrt. Die andere ist klinische Psychologin und Arbeitspsychologin. Vor etwa 15 Jahren begannen wir, unsere Fähigkeiten zu kombinieren, weil wir dazu beitragen wollten, daß Führungskräfte in der Wirtschaft und Regierung ihr Potential besser ausschöpfen.

Etwa zur gleichen Zeit „entdeckte" die amerikanische Wirtschaft plötzlich das Qualitätsmanagement, das bei der japanischen Konkurrenz zu so erstaunlichen Erfolgen geführt hatte. Aus Angst, möglicherweise völlig zurückzufallen, überboten sich die Unternehmen nun in der Anwendung der neuen Methoden. In ihrem Wettlauf um Spitzenleistungen nahmen sich aber die wenigsten Manager die Zeit zu überlegen, welches spezifische Problem sie mit ihren Neuerungen eigentlich aus der Welt zu schaffen gedachten, und ob ein neues Qualitätssicherungssystem tatsächlich den entscheidenden Umschwung bewirkte. „Total Quality Management" hieß das Zauberwort, das alle Probleme in Luft auflösen sollte.

In den darauffolgenden Jahren stellten wir im Rahmen unserer wissenschaftlichen und beratenden Arbeit jedoch fest, daß die neuen Methoden im Qualitätsmanagement keineswegs immer die erhofften Resultate erbrachten. Manche Unternehmen profitierten von der Umstellung enorm, während andere nun erst recht ins Schleudern gerieten.

Nun weiß jeder Psychologe, daß es keine Allheilmittel gibt. Nur ein Scharlatan würde behaupten, mit einer Therapie alle psychischen Beschwerden heilen zu können. Eine falsche Behandlung ist nicht nur wirkungslos, sondern richtet möglicherweise sogar großen Schaden an. Wir fragten uns bald, ob sich diese Erkenntnisse aus der Psychologie auch auf Unternehmen übertragen ließen.

Von dieser Fragestellung war es dann nicht mehr weit zur Entwicklung der Gedanken, die wir in diesem Buch vorstellen:

- Unternehmen sind – wie Menschen – eigenständige Persönlichkeiten.
- Unternehmen können – wie Menschen – psychische Störungen entwickeln.
- Kranke Unternehmen können – wie Menschen – mit den Methoden der klinischen Psychologie geheilt werden.

Natürlich wissen wir, daß es nicht gerade eine neue Idee ist, die Erkenntnisse der Psychoanalyse auf die Wirtschaft anzuwenden. Schon Anfang der achtziger Jahre arbeiteten manche Unternehmensberater mit psychoanalytischen Techniken. Doch sie sahen sich vor erhebliche praktische Probleme gestellt. Das wichtigste war der Zeitfaktor.

Voraussetzung für ein Gelingen der klassischen Psychoanalyse ist, daß der Patient neue Einsichten entwickelt. Es reicht nicht, wenn der Therapeut ihm einfach sagt, was er falsch macht. Statt dessen muß sich der Patient selbst ein neues Verständnis seiner Probleme erarbeiten. Der Analytiker weist ihm dabei nur den Weg. Dieser Prozeß ist sehr wichtig; wenn er nicht durchlaufen wird, taucht das Problem möglicherweise immer wieder auf. Leider kann es Jahre dauern, bis ein Patient die entscheidenden Einsichten gewinnt, und die wenigsten Unternehmen haben einen so langen Atem. Sie würden lange vor der Heilung vor dem Konkursrichter stehen.

Der Einsatz psychoanalytischer Verfahren in der Wirtschaft wirft aber noch weitere Probleme auf. Eine entscheidende Barriere etwa besteht darin, daß der Therapeut eine psychologische oder psychiatrische Ausbildung benötigt, um eine sinnvolle Behandlung durchführen zu können. Wir mußten uns deshalb nach anderen Methoden umsehen, mit denen sich die klinische Psychologie im Wirtschaftsleben anwenden ließ.

Wir entschieden uns für die Verhaltenstherapie. Diese Form der Psychotherapie mit ihren verschiedenen Techniken führt zu viel schnelleren Erfolgen, weil sie nicht voraussetzt, daß der Patient in einem langwierigen Prozeß neue Einsichten entwickelt. Ihre Instrumente sind Handlungsanweisungen, die jede Führungskraft verwenden kann. Ein weiterer großer Vorteil ist der, daß sie keine fachliche Vorbildung erfordert. Nötig sind allerdings eine exakte Diagnose und schnelles Handeln. Deshalb haben wir einen Fragebogen zur Diagnosestellung entwickelt und entsprechende Behandlungsmethoden beschrieben, die Sie ohne psychologische Fachkenntnisse realisieren können.

Der nächste Schritt war die Erprobung unserer Methoden in der Praxis. Wir „behandelten" Unternehmen, die ihre Probleme erfolglos mit anderen Mitteln zu lösen versucht hatten. Unsere neuen Therapietechniken erwiesen sich als außerordentlich wirkungsvoll, denn die kranken Firmen erholten sich schon bald.

Viele Techniken, die in diesem Buch beschrieben sind, gehören zum Standardrepertoire jedes Psychologen. Wir haben sie etwas modifiziert, damit auch Laien sie anwenden können.

Um zu illustrieren, welche Erfolge damit möglich sind, führen wir eine Reihe von Fällen aus der Praxis an. Einige Unternehmen und Organisationen, darunter sehr bekannte, werden mit Namen genannt, während andere auf eigenen Wunsch anonym blieben. Alle Beispiele sind jedoch der Realität entnommen. Sie sollen Ihnen helfen, die Warnzeichen für eine beginnende Krankheit in Ihrem Unternehmen frühzeitig zu erkennen. Dann können Sie die richtigen Maßnahmen einleiten, um der drohenden Entwicklung entgegenzusteuern.

Dieses Buch macht aus Ihnen keinen klinischen Psychologen. Weder preisen wir ein Allheilmittel an noch geben wir Erfolgsgarantien. Organisationen sind per se komplexe Gebilde, und gerade Wirtschaftsorganisationen müssen sich heute in einer Welt behaupten, die täglich komplizierter wird. So gerne wir sie anbieten würden, aber es gibt keine Universalmedizin für kranke Unternehmen. Dafür helfen wir Ihnen zu verstehen, was in Ihrem Unternehmen vor sich geht, und wir zeigen, wie Sie es schnell wieder auf den Weg der Besserung bringen.

1 Die Wende für kranke Unternehmen

Eine Therapie soll Sie von Ihrem Problem befreien, nicht aber die Frage klären, wie das Problem entstanden ist.
Marianne Walters, Familientherapeutin in *Family Secrets*

Kennen Sie Unternehmen, in denen immer wieder unsinnige Entscheidungen getroffen werden? Arbeiten Sie in einer Firma, die tatkräftig am eigenen Untergang mitwirkt? Gehören Sie einer Abteilung an, in der chaotische Zustände herrschen, weil zu viele unterschiedliche und sogar gegensätzliche Ziele gleichzeitig verfolgt werden? Und ertappen Sie sich dann manchmal bei dem Gedanken: „Was da vor sich geht, ist einfach verrückt!"?

Möglicherweise kommen Sie damit der Wahrheit näher als Sie glauben. Unternehmen und alle anderen Organisationen haben, genau wie Menschen, eine eigene Persönlichkeit, und folglich können sie auch krank werden. Die Auswirkungen einer solchen Erkrankung beeinträchtigen das gesamte Umfeld, besonders natürlich die Mitarbeiter. Wenn sie nicht bekämpft wird, kann sie großen Schaden anrichten und letztlich sogar zum völligen Zusammenbruch des Unternehmens führen.

Doch so wie Menschen behandelt werden können, kann man auch Unternehmen heilen. Ein gesundes Unternehmen vermittelt seinen Mitgliedern Abwehrkräfte, mit denen sie gegen drohende Gefahren besser gewappnet sind. Es zeichnet sich durch eine angenehme Arbeitsatmosphäre aus, in der jeder seine Fähigkeiten voll entfalten kann.

Wie aber können erkrankte Unternehmen geheilt werden, und welche Möglichkeiten stehen Ihnen als einem Mitglied der Organisation zur Verfügung, wenn Sie die entscheidende Wende herbeiführen und den Heilungsprozeß in Gang setzen wollen? Diese Fragen beantwortet das Buch in den folgenden Kapiteln.

Wenn ein Unternehmen krank wird

Unser Modell zur Therapie dysfunktionaler Unternehmen beruht auf einem Konzept aus der Organisationslehre. Danach bildet jede Organisation eine Einheit, die unabhängig von den einzelnen Mitgliedern eine individuelle Persönlichkeit besitzt. Zur Verdeutlichung soll ein krasses, aber überzeugendes Beispiel dienen: der Lynchmob. Jeder Mob stellt im eigentlichen Sinn des Wortes eine Organisation dar. Er entsteht, weil eine spezifische Aufgabe erledigt werden soll, und er hat einen Anführer sowie Mitglieder, die verschiedene Rollen und Funktionen wahrnehmen, um das übergreifende Ziel zu erreichen.

Die einzelnen Mitglieder des Mobs können durchaus vernünftige, mitfühlende Menschen sein. Jeder von ihnen würde, wenn er auf sich selbst gestellt wäre, vor der grausamen Tat zurückschrecken, die er innerhalb des Mobs vorbereitet und durchführt. Aber das besondere Zusammentreffen von Ereignissen und einzelnen Persönlichkeiten läßt eine Situation entstehen, in der das Ganze mehr ist als die Summe seiner Teile. Der Mob verselbständigt sich – er entwickelt ein Eigenleben.

Dieses Phänomen gibt es auch im Wirtschaftsleben: Einzelne Mitarbeiter eines Unternehmens handeln zuweilen – ohne eine plausible Erklärung dafür zu haben – völlig unvernünftig. Sie stehen unter dem Einfluß einer Dynamik, die vom Unternehmen selbst ausgeht. Ein Beispiel soll dies illustrieren.

Ein großes Industrieunternehmen verbuchte schwere Verluste. Die Geschäftsführung schrieb die Mißerfolge der Inkompetenz einiger Führungskräfte zu – welcher genau, vermochte allerdings niemand zu sagen. Ein Ausschuß wurde eingesetzt, der die Schuldigen identifizieren sollte. Binnen kurzem hatten die Ausschußmitglieder über 100 Manager entlassen oder versetzt, und das, obwohl nur wenige von ihnen mit der Angelegenheit überhaupt befaßt gewesen waren. Die meisten Entlassenen setzten ihre Karriere höchst erfolgreich in anderen Unternehmen fort – auch bei Wettbewerbern.

Ein Mitglied des Ausschusses erzählte später: „Am Anfang war es schwierig, die Schuldfrage zu klären. Dann stießen wir auf einen oder zwei Manager, die unserer Meinung nach für die Verluste verantwortlich waren. Bevor wir uns versahen, gerieten wir in einen regelrechten Sog. Es war eine Krankheit. Ich kann mir wirklich nicht mehr erklären, wie wir diesen Schlamassel anrichten und über so viele Unschuldige richten konnten."

Das Ganze war eben mehr als die Summe seiner Teile. Der Ausschuß entwickelte eine eigene Persönlichkeit – unabhängig von seinen einzelnen Mitgliedern.

Aus der Feststellung, daß Organisationen eine eigene Persönlichkeit besitzen, folgt, daß diese auch krank werden kann. Wie wir im folgenden noch darlegen, lassen sich diese Erkrankungen entsprechend den psychischen Störungen beim Menschen benennen, und sie lassen sich mit denselben Methoden behandeln. Man kann sogar sagen, daß der „Patient" die Organisation in ihrer Gesamtheit ist.

Für jede Krankheit die richtige Therapie

Es gibt wohl kaum ein Mittel, das Unternehmensberater noch nicht ausprobiert hätten, um gebeutelte Firmen aus der Krise herauszuführen. Ihre Bemühungen waren jedoch von unterschiedlichem Erfolg gekrönt. Zwei Ansätze, die sich in den vergangenen Jahren besonderer Beliebtheit erfreuten, sind das Total Quality Management, ein von den Japanern entliehenes Modell, sowie die Konzentration auf die in dem Buch *Auf der Suche nach Spitzenleistungen* beschriebenen Schwerpunkte. Diese Lösungsmodelle haben in manchen Fällen vorübergehend funktioniert, in anderen überhaupt nicht.

Die Autoren von *Auf der Suche nach Spitzenleistungen* kristallierten auf der Grundlage ausführlicher Befragungen mehrere Eigenschaften heraus, die den besonders erfolgreichen Firmen gemeinsam waren. Deren Führungskräfte zeichneten sich beispielsweise als außerordentlich innovativ, kunden- und mitarbeiterorientiert aus. Diese im Grunde einfachen Erkenntnisse waren für Tausende von Unternehmen sehr hilfreich. Aber nur wenige Jahre später wartete *Business Week* mit überraschenden Meldungen auf. Beachtlich viele „Spitzenunternehmen" waren in der Zwischenzeit entweder in Konkurs gegangen oder sie befanden sich in ernsten Schwierigkeiten!

Auch in das Total Quality Management waren enorme Hoffnungen gesetzt worden. Gewissenhaft ahmten die amerikanischen Führungskräfte die japanischen Methoden des Qualitätsmanagement nach und ließen Teams, die eigenständig an Aufgaben und Problemen arbeiteten, wie Pilze aus dem Boden schießen. Die Topmanager setzten sich in regelmäßigen Abständen mit den Beschäftigten zusammen, um ihnen „wirklich zuzuhören". Immerhin hatten zahlreiche Experten verkündet, daß diese Methode zu beachtlichen Gewinnsteigerungen führe, oder sie hatten das TQM gar als Lösung sämtlicher Probleme angepriesen.

Die Wirklichkeit sah anders aus. 1991 berichtete *Fortune* über die Ergebnisse einer in zwei Phasen durchgeführten Umfrage unter Führungskräften. 750 000 Manager der mittleren Ebene aus 1 000 Großunternehmen sollten in zwei Dreijahreszeiträumen (1985 bis 87 und 1988 bis 90) anhand bestimmter Kriterien beurteilen, inwieweit die Leistungsfähigkeit ihres jeweiligen Unternehmens durch ein Total Quality Management-Programm gesteigert worden sei. Nach Ablauf des ersten Befragungszeitraums gaben *weniger* Manager an, daß die Kommunikation zwischen den oberen Führungskräften und den Beschäftigten gut funktioniere, und daß sie ein offenes Ohr für ihre Probleme hätten. *Weniger* Manager fühlten sich als Individuen aufrichtig respektiert; und *weniger* Manager hielten ihr Unternehmen für einen Ort, an dem es sich gut arbeiten ließe.[1]

Auch die folgenden Beispiele sprechen Bände. Das Unternehmen Florida Power & Light entledigte sich, bald nachdem ihm der japanische Deming-Preis für Qualitätsmanagement verliehen worden war, der wesentlichen Bestandteile seines Qualitätsprogramms. Der Grund? Die Beschwerden der Beschäftigten hatten sich gehäuft. Wallace Company, eine Ölgesellschaft in Houston, erhielt den begehrten Malcolm Baldrige National Quality Award. Kurz darauf stellte sie Antrag auf ein Vergleichsfahren.[2]

Welche Erklärung gibt es für diese Fälle? Sind Qualitätsprogramme möglicherweise nur Zeitverschwendung? Gehört *Auf der Suche nach Spitzenleistungen* in den Papierkorb? Natürlich nicht. In beiden Fällen handelt es sich um wichtige Konzepte, mit denen die Leistung eines Unternehmens, die Qualität des Arbeitslebens und die Motivation der Mitarbeiter entscheidend beeinflußt werden können. Das Problem besteht nur darin, daß falsche Erwartungen in sie gesetzt wurden.

Auch das beste Qualitätsprogramm kann ein Unternehmen, das an einer psychischen Störung leidet, nicht heilen, ebenso wenig wie ein Gymnastikprogramm etwas gegen Windpocken ausrichtet. Das eine hat mit dem anderen nichts tun. In einem Unternehmen überlagert die Krankheit jede noch so vernünftige Maßnahme zur Leistungssteigerung. Wer die Organisation heilen will, muß das Übel deshalb an der Wurzel packen.

Nicht die Symptome, sondern die Krankheit behandeln

Wenn es in einem Unternehmen kriselt, steht den Führungskräften ein ganzes Arsenal von Methoden und Techniken zur Verfügung, um Schlimmeres zu verhindern. Sie investieren Zeit, Geld und Energie und kämpfen dabei oft nur gegen Windmühlen. Allen Bemühungen und guten Absichten zum Trotz stellt sich keine Besserung ein.

Die Beteiligten verfallen nämlich einem verhängnisvollen Irrtum: Sie bleiben mit ihren Maßnahmen an der Oberfläche des Problems, unternehmen jedoch nichts gegen seine zugrundeliegende psychologische Ursache. Um das Übel wirklich an der Wurzel zu packen, muß man aber die Krankheit behandeln und nicht an den Symptomen herumdoktern. Das bedeutet, daß das gesamte Unternehmen als Patient betrachtet werden muß.

Im Unternehmen insgesamt den Patienten zu sehen – statt bei der Vielzahl der einzelnen Beschäftigten anzusetzen –, ist ein Konzept, das in der Psychologie gerade erst im Entstehen begriffen ist. Es bietet folgende wichtige Vorteile:

1. *Erfolge werden in kürzester Zeit sichtbar.* Da jeder Mensch auf ein- und dasselbe Grundproblem anders reagiert, müßten Sie eine Vielzahl von Symptomen behandeln, wenn Ihre Therapie bei der Persönlichkeit des einzelnen ansetzen würde. Diese Methode mag vorübergehend erfolgreich sein, aber sie ist auch außerordentlich langwierig. Im Gegensatz dazu hat die Behandlung der zugrundeliegenden Krankheit eine unmittelbare Wirkung und führt zu einer schnellen Besserung.

2. *Das wahre Problem wird aufgedeckt.* Wenn Sie nur die Symptome behandeln, wird sich die Organisation, wie jeder Patient, vorübergehend besser fühlen, aber von einer Heilung kann keine Rede sein. Die Krankheit macht nämlich jeden vorübergehenden Erfolg bald wieder zunichte. Oft verschlimmert die Behandlung der Symptome die Situation sogar, weil dann andere Probleme übertüncht werden.

3. *Die Wahl der besten Behandlungsmöglichkeit wird erleichtert.* Wenn Sie ein Unternehmen als Ganzes betrachten, stellen Sie mit einer viel höheren Wahrscheinlichkeit eine korrekte Diagnose. Diese wiederum ist unabdingbare Voraussetzung für die richtige Behandlung. Die Verabreichung der falschen Arznei hat manchmal schlimmere Folgen als die Krankheit selbst, weil sie den Zustand des Patienten verschlechtern kann.

Die neun psychischen Erkrankungen

Es gibt neun Erkrankungen von Organisationen. Keine von ihnen darf auf die leichte Schulter genommen werden, denn ihre Auswirkungen können katastrophal sein:

- Sie zerstören die Moral unter den Beschäftigten.
- Sie mindern die Produktivität des Unternehmens.
- Sie gefährden die Produktqualität.
- Sie beeinträchtigen die Kundenbeziehungen.
- Sie behindern die Mitarbeiter aller Ebenen in ihrem beruflichen Fortkommen, und Frustrationen stauen sich auf.
- Sie verleiten Unternehmen zu rational nicht erklärbaren Handlungen.
- Sie sabotieren die Bemühungen um Qualitätsverbesserungen.
- Sie bergen die Gefahr, daß die Führungsebene handlungsunfähig wird und das Unternehmen untergeht.

So schwerwiegende Folgen all diese Krankheiten also haben, so verschieden sind sie: Sie verursachen unterschiedliche Probleme, äußern sich durch unterschiedliche Symptome und erfordern eine spezifische Behandlung. Der erste Schritt muß deshalb darin bestehen, Grundkenntnisse über die verschiedenen Störungen zu erwerben.

Bei der Benennung der Krankheiten von Organisationen haben wir die Fachsprache der Psychologie übernommen und sind davon ausgegangen, daß sie in den Grundzügen bekannt ist. In einer Weiterführung der Parallele zu den psychischen Störungen beim Menschen haben wir die Krankheiten dann in zwei Hauptkategorien eingeteilt: Psychosen und Neurosen.

Psychologen definieren eine Psychose als eine Erkrankung, in deren Verlauf der Patient den Bezug zur Realität verliert. Ein psychotisches Unternehmen hat also eine gestörte Wahrnehmungs- und Urteilsfähigkeit und zieht falsche Schlußfolgerungen über das Geschehen außerhalb des Unternehmens, selbst wenn klare Ge-

genbeweise vorliegen. Neurosen sind emotionale Störungen, die zwar nicht mit einem Realitätsverlust einhergehen, aber ebenso gravierende Auswirkungen haben können. Neurotische Unternehmen legen eine gesteigerte Nervosität an den Tag, leiden an Angstzuständen und konzentrieren sich weit über das übliche Maß hinaus darauf, Mißerfolge zu vermeiden statt sich um Erfolge zu bemühen. Die einzelnen Krankheiten lassen sich nun folgendermaßen in die beiden Kategorien einordnen:

Psychosen:

- manisches Verhalten,
- manische Depression,
- Schizophrenie,
- Paranoia.

Neurosen:

- neurotisches Verhalten,
- Depression,
- Suchtverhalten,
- zwanghaftes Verhalten,
- posttraumatisches Syndrom.

In den folgenden Kapiteln wird jede Krankheit eingehend beschrieben.

Hilfe für Ihr Unternehmen: Ein Überblick

Es gibt keine Organisation, die gegen psychische Störungen gefeit wäre: weder Großkonzerne noch Kleinbetriebe, Nonprofit-Unternehmen, Regierungsbehörden oder Militärorgane. Ein internationaler Branchenriese kann ebenso erkranken wie eine Mini-Abteilung mit vier Mitarbeitern, ein junges Unternehmen, das voller

Elan in die Hochtechnologie einsteigt, ebenso wie der Laden um die Ecke, der sich seit drei Generationen in Familienbesitz befindet. Keine Organisation – unabhängig von ihrer Größe, Struktur und Branche – ist immun.

Das ist die schlechte Nachricht. Und nun die gute: All diese Krankheiten können geheilt werden, selbst dann, wenn kein ausgebildeter Psychologe zur Verfügung steht. Mit den Techniken, die in diesem Buch beschrieben werden, kann jeder Angehörige einer Organisation, der Probleme erkennt und sie beheben möchte, ein Behandlungsprogramm in Angriff nehmen.

Auf diesen Punkt legen wir größten Wert: Behandlungen für kranke Organisationen können von Führungskräften *aller Ebenen* durchgeführt werden. Wir stellen nur wenige Behandlungsmethoden vor, die dem oberen Management vorbehalten sein sollten. Denn es trifft keineswegs zu, daß nur die Topmanager Veränderungen bewirken können. Manchmal sind sie ja gerade die Ursache eines Problems und stehen dessen heimtückischen Folgen blind gegenüber.

Unabhängig davon, auf welcher Ebene des Unternehmens Sie sich befinden, gibt es also immer einen Ansatzpunkt, auf dem Sie die Therapie aufbauen können. Es spielt auch keine Rolle, wo die Krankheit ihren Anfang nahm, wie weit sie sich schon ausgebreitet hat, und ob sie in anderen Abteilungen andere Formen annimmt. Wichtig ist zunächst nur, daß Sie beschließen, die Krankheit im Rahmen Ihrer Möglichkeiten zu behandeln und entsprechende Maßnahmen zu ergreifen.

Dann werden Sie schon bald feststellen, daß geradezu wundersame Dinge geschehen. Wenn Ihre Therapie die ersten Resultate zeigt, sticht Ihre Abteilung als leuchtendes Beispiel der Vernunft hervor. Der Glanz strahlt in die anderen Abteilungen, bringt dort Licht in die dunkelsten Ecken und ermöglicht es den Führungskräften, ihre Lage mit neuen Augen zu sehen. Bald werden auch sie nach Behandlungsmöglichkeiten Ausschau halten, sich bei Ihnen erkundigen, wie Sie Ihre Erfolge erzielt haben, und dann beginnen, eigene Pläne zu entwickeln.

Denn ein gutes psychisches Allgemeinbefinden ist mindestens ebenso ansteckend wie eine Krankheit.

Nun sind Sie vielleicht schon drauf und dran, die Ärmel hochzukrempeln und die Störungen zu behandeln, die Sie in Ihrer Umgebung vorfinden. Widerstehen Sie dieser Versuchung, bis Sie den Behandlungsablauf genau verstanden haben. Sie könnten mehr Schaden anrichten als Nutzen bewirken. Wir wollen mit einer Übersicht beginnen, damit Sie alle notwendigen Voraussetzungen für ein durchdachtes Vorgehen haben.

1. Zunächst einmal sehen Sie sich Ihren Patienten – die Organisation – genau an und analysieren seinen Zustand. Dazu verwenden Sie einen von uns entwickelten Fragebogen, den Gesundheitstest für Unternehmen. Er basiert auf soliden diagnostischen Verfahren, ist aber so aufgebaut, daß er ohne Vorkenntnisse verwendet werden kann.

2. Weil die richtige Diagnose absolut entscheidend ist, bestätigen Sie Ihre erste Diagnose mit einigen einfachen Tests.

3. Dann erstellen Sie einen Plan, in dem festgelegt wird, wie Sie die Krankheit behandeln wollen. In den folgenden Kapiteln beschreiben wir für jede Krankheit mehrere Behandlungsmöglichkeiten und zeigen, wie Sie die für Ihre spezifische Situation geeignete Therapie finden.

4. Schließlich führen Sie Ihren Plan durch, kontrollieren die Ergebnisse und greifen auf Alternativen zurück, falls sich neue Umstände ergeben.

5. Währenddessen sorgen Sie dafür, daß Sie von dem ungesunden Klima in Ihrem Umfeld nicht angesteckt werden. Wir zeigen Ihnen, wie Sie eine „Atmosphäre des Wohlbefindens“ schaffen, um gesund zu bleiben und effektive Arbeit zu leisten.

In den folgenden neun Kapiteln werden die neun Unternehmenskrankheiten eingehend beschrieben und Behandlungsmöglichkeiten aufgezeigt. In Kapitel 11 erfahren Sie, wie Sie eine Störung diagnostizieren und Ihre Diagnose dann überprüfen. Kapitel 12 enthält Vorschläge dazu, wie Sie eine Atmosphäre des Wohlbefindens schaffen können. In Kapitel 13 zeigen wir Ihnen Schritt für Schritt, wie Sie einen Behandlungsplan erstellen und durchführen. In Kapitel 14 schließlich laufen alle Fäden wieder zusammen. Darin wird die Geschichte eines Managers geschildert, dem es gelang, sein Unternehmen von einer lebensbedrohlichen Krankheit zu heilen.

Literatur

[1] Fisher, Anne B. (1991): „Morale Crisis", *Fortune*, 18. November 1991, S. 70.
[2] Matthews, Jay /Katel,Peter (1992): „The Cost of Quality", *Newsweek*, 7. September 1992, S. 48.

2 *Wir fliegen zum Mond* – Das manische Verhalten

Der Wahnsinn muß nicht den völligen Zusammenbruch bedeuten. Er kann auch ein Durchbruch sein. Er birgt die Chance zur Befreiung und Erneuerung ebenso wie die Gefahr der Versklavung und der völligen Aufgabe seiner Selbst.
R. D. Laing, Das geteilte Selbst

Ein manischer Mensch erweckt den Eindruck, als stünde er unter Drogeneinfluß. Er ist aufgedreht, redet schnell, fällt durch seine fahrigen Bewegungen auf, lacht zu viel und schmiedet grandiose Pläne, die keinerlei Bezug zur Wirklichkeit haben.

Auch eine manische Organisation fällt durch exzessive Verhaltensweisen auf. Ihr überschwenglicher Enthusiasmus fegt jede nüchterne Geschäftslogik vom Tisch, vom gesunden Menschenverstand ganz zu schweigen. Weil viele manische Organisationen auf eine lange Erfolgsgeschichte zurückblicken, halten sie sich für unbesiegbar. Ihr Selbstvertrauen ist einfach grenzenlos. So kommt es, daß sie immer mehr Zeit damit verbringen, großartige Pläne zu schmieden. Leider achten sie dabei immer weniger auf die lästigen Einzelheiten, die so oft über Erfolg oder Mißerfolg entscheiden. Irgendwann fällt alles wie ein Kartenhaus zusammen, weil ein entscheidendes Detail übersehen wurde.

Ein Fall von Manie

Vor einigen Jahren kam eine kleine Firma in Kalifornien auf die Idee, eine Mischung aus Wein und Fruchtsaft als Fertigprodukt zu verkaufen. Die Ergebnisse der Marktforschungstests gaben Anlaß zu großen Hoffnungen, und auch die Geschmackstests fielen vielversprechend aus. Die Firma verfiel in fieberhafte Aktivität.

Nun hieß es Kapitalgeber zu suchen, was dank des überschwenglichen Enthusiasmus und der Zuversicht, von der das Unternehmen wie auf einer riesigen Welle fortgetragen wurde, auch gelang. Sämtliche Mittel, die das Unternehmen auftreiben konnte, flossen in das neue Produkt. Aus Fruchtsaft und Wein von Großhändlern wurden teure Proben hergestellt. Die Manager intensivierten ihre Anstrengungen nochmals, kauften zusätzliche Anlagen und stellten weitere Mitarbeiter ein. Das Beste war gerade gut genug, so fanden sie. Noch bevor die Produktion des neuen Getränks überhaupt angelaufen war, waren 20000 Kisten verkauft worden.

Es gab nur ein winziges Problem. Die Firma war ein völliger Neuling im Spirituosengeschäft, und niemand hatte sich die Mühe gemacht, die Einkaufskosten für den benötigten Wein zu kalkulieren. So erfuhren die Manager erst viel zu spät, daß die anfallenden Steuern um 700 Prozent höher als angenommen lagen. Das Produkt hatte also nie eine Chance gehabt, zu einem annehmbaren Preis verkauft zu werden. Die Produktion wurde erst gar nicht aufgenommen, und die Firma war am Ende.

Das manische Verhalten äußert sich durch folgende Symptome:

- Anfälle von Größenwahn,
- Hang zur Übertreibung,
- übersteigerter Enthusiasmus,
- Vernachlässigung von Details.

Nun sind Begeisterung und Selbstvertrauen natürlich positive Eigenschaften – solange sie ein Fundament in der Wirklichkeit haben. Doch wenn der Enthusiasmus keine Grenzen mehr kennt und das Selbstvertrauen keine Grundlage mehr hat, ist Vorsicht angebracht.

Epi Products: Mit Enthusiasmus in die Krise

1988 führte EPI Products einen Damenrasierer namens Epilady auf dem amerikanischen Markt ein. Mit diesem Gerät konnten Frauen ihre Haare an den Beinen selbst entfernen und dabei ein Ergebnis erzielen, das mit dem der Wachsbehandlungen bei der Kosmetikerin vergleichbar war. Nachdem Epilady schon auf dem europäischen Markt einen gelungenen Einstand feiern konnte, hatte es in den Vereinigten Staaten einen Senkrechtstart: Im ersten Jahr wurden 3,5 Mio. Geräte verkauft. Epi Products schien unschlagbar.

Vom eigenen Erfolg geblendet, entwickelte EPI jedoch eine Manie. In den folgenden 18 Monaten führte das Unternehmen 24 neue Produkte ein, darunter EpiPed (ein Gerät zur Fußmassage), EpiSauna (ein Gesichtsbedampfer) und EpiSage (ein Duschmassagegerät). EPI brachte Produkte auf den Markt, die die Zähne weißer machten, und solche, die trockener Haut wieder Feuchtigkeit zuführten. Der Umsatz schnellte auf 200 Mio. Dollar hoch. Dann aber, während die Medien noch den triumphalen Erfolg des Unternehmens feierten, stellte EPI Products den Antrag auf Vergleichsverfahren.[1]

Was war geschehen? Der Blitzerfolg hatte Epilady dazu verleitet, sich für unbesiegbar zu halten. Zu viele Produkte wurden in zu kurzer Zeit eingeführt. Die Marktanalysen und planerischen Aufgaben wurden im Eilverfahren abgehakt, und für Details reichte die Zeit ohnehin nicht. Keines der zahlreichen neuen Produkte war auch nur im entferntesten so erfolgreich wie das erste, dafür kosteten sie das Unternehmen eine Menge Geld. Gleichzeitig tauchten Probleme auf, die mit jedem großen Erfolg unweigerlich einhergehen: Es kam zu einem Rechtsstreit über die Lizenzvereinbarung, ein ehemaliger Partner klagte gegen das Unternehmen, und Markenpiraten im Niedrigpreisbereich machten Konkurrenz.[2] Der Kampf an diesen Fronten hielt die Manager aber keineswegs davon ab, weiterhin ein neues Produkt nach dem anderen auf den Markt zu werfen, bis eines Tages kein Geld mehr da war.

EPI ist ein beinahe klassisches Beispiel für eine Manie. Das manische Unternehmen durchläuft ungewöhnlich überschwengliche Stimmungen und hyperaktive Phasen. Es befindet sich in einem hemmungslosen Hoch, das es selbst erzeugt hat. Die Atmosphäre ist durchdrungen von dem erhebenden Gefühl der eigenen Großartigkeit. Ziele werden im Eiltempo verfolgt, und die Zukunft erscheint in den rosigsten Farben. Auch wenn der Enthusiasmus auf realen Erfolgen der Vergangenheit basiert, ist er offensichtlich übersteigert. Kaum jemand schenkt den persönlichen Bedürfnissen der Mitarbeiter oder anderen wichtigen betrieblichen Aspekten Beachtung, etwa ethischen Fragen oder der Qualität des Arbeitslebens. Ebenso selten überlegt eine Führungskraft einmal, ob all die grandiosen Pläne überhaupt durchführbar sind. Nicht selten werden wichtige Details übersehen. Entscheidungen und Verfahrensabläufe sind rational nicht mehr nachvollziehbar. Viele Manien beginnen mit einem triumphalen Erfolg und enden in ausweglosen Krisen.

Die Explosion der *Challenger* ist ein treffendes Beispiel für eine solche Entwicklung. Als das Shuttle-Programm noch in den Kinderschuhen steckte, mußte die NASA vor jedem einzelnen Start nachweisen, daß er gefahrlos durchgeführt werden könne. Es überrascht wenig, daß das Programm eine Erfolgsquote von 100 Prozent aufwies.

Da es nie eine ernste Panne gab, gingen alle Beteiligten bald stillschweigend davon aus: „Uns gelingt alles". Zum Zeitpunkt des *Challenger*-Unglücks war das ursprüngliche Verfahren schon komplett verändert worden: Ein Start wurde nur noch dann abgesagt, wenn jemand nachweisen konnte, daß er *nicht sicher* war. Die für den Start der *Challenger* Verantwortlichen waren schon ungeduldig, weil es immer wieder Verzögerungen gegeben hatte, und sie ignorierten kleine Warnzeichen. Für eine manische Organisation waren diese Alarmsignale unbedeutende Details, um die man sich nicht zu kümmern brauchte. So mündeten Jahre des Erfolgs in eine tragische Katastrophe.

Risikofaktor Nummer eins: Erfolg

Peter Drucker erkannte als einer der ersten Managementexperten, daß Unternehmen, die lediglich das tun, was sie in der Vergangenheit erfolgreich gemacht haben, früher oder später in ernste Schwierigkeiten geraten. Leider glauben noch immer viele Organisationen fest daran, daß vergangene Erfolge die zukünftige Leistungsfähigkeit geradezu garantierten. Also halten sie sich an das, was sie schon immer getan haben. Für dieses Verhalten gibt es zahlreiche Beispiele:

Viele Sparkassenpleiten in den achtziger Jahren waren auf manisches Verhalten zurückzuführen. Die Institute klammerten sich an Vorgehensweisen, die sie in der Vergangenheit erfolgreich gemacht hatten. Sie glaubten, daß sie niemals auf der Verliererseite stehen würden. Dieses übersteigerte Selbstvertrauen verleitete sie dazu, wichtige Details zu übersehen – bis sie sanierungsreif waren.

Adam Osborne erzielte mit seiner 1978 gegründeten Computerfirma in weniger als einem Jahr einen Umsatz von 150 Mio. Dollar. Sein Produkt war ein phantastischer Erfolg. Ein Marketingverband verlieh Osborne den Preis als Unternehmer des Jahres. Ein Mitglied der Geschäftsleitung verkündete stolz: „Wir befinden uns schon in der nächsten Computergeneration. Kein Wettbewerber kann uns jetzt noch einholen.“ Sechs Monate später meldete die Firma Konkurs an. Dabei hatte sie nur das getan, was sie im vorangegangenen Jahr so erfolgreich gemacht hatte.

Litton Industries verzeichnete über 57 aufeinanderfolgende Quartale ein steil ansteigendes Wachstum und erzielte Mitte der sechziger Jahre einen Jahresumsatz von 1,8 Mrd. Dollar. Im Jahr 1968 kehrte sich der Trend um. Die Gewinne sanken, und die Aktien fielen in nur einer Woche um 18 Punkte. Was war geschehen? Einige kluge Köpfe stellten fest, daß sich seit der Zeit, als Litton Industries noch eine kleine Firma mit einem Jahresumsatz von weniger als einer Mio. Dollar gewesen war, in der Struktur und in der Betriebsführung kaum etwas verändert hatte. Unternehmensleiter Charles B. „Tex“ Thornton schnaubte wütend: „Nur deshalb, weil beim 58. Mal etwas nicht nach Wunsch läuft, werden wir nicht alles umkrempeln, was bisher richtig war.“ Litton Industries arbeitete weiter wie bisher. Das Ergebnis? Erst Mitte der siebziger Jahre gelang es Litton, aus der Talsohle herauszufinden, und auch dies nur mit einer völlig neuen Führungsriege.[3]

Das Unternehmen Robert Hall Clothes war einmal der führende Bekleidungs-Discounter und die zweitgrößte Bekleidungskette in den Vereinigten Staaten. 1965 besaß Robert Hall 376 Geschäfte und erzielte einen Jahresgewinn von 14 Mio. Dollar. Senior Vice-President J. A. Bobbitt verkündete im Jahr 1977: „Jetzt nehmen wir uns die Ketten vor: Sears, Wards und Penneys...“[4] Aber das Unternehmen litt an einer Manie. Die Manager nahmen die Veränderungen im wirtschaftlichen Umfeld und im Kundenverhalten nicht zur Kenntnis, sondern beschränkten sich darauf, das zu tun, was sie in der Vergangenheit getan hatten, nur in immer schnellerem Tempo. Ein Jahr nach J. A. Bobbitts markigem Spruch beantragte die Firma Konkurs.

An diesen Beispielen wird ein besorgniserregender Aspekt des manischen Verhaltens deutlich: Während vielen Beobachtern innerhalb wie außerhalb des Unternehmens durchaus klar ist, in welcher gefährlichen Lage es sich befindet, erkennt die Organisation selbst ihre Manie meist erst, wenn es schon zu spät ist. Noch kurz vor dem Absturz fühlt sie sich unschlagbar, strotzt vor Selbstbewußtsein und wiegt sich in dem Glauben, alles unter Kontrolle zu haben. Erst nach der Heilung – oder nach dem Bankrott – erkennt sie, wie ernst die Probleme wirklich waren.

Die Behandlung des manischen Unternehmens

Die Behandlung eines manischen Unternehmens ist nicht einfach. Es ist nämlich so überzeugt von seinem zukünftigen Erfolg, daß es keinerlei Interesse verspürt, der Realität ins Auge zu sehen. Das

Naheliegende – einfach darauf hinzuweisen, daß die Organisation manisch ist – funktioniert in den seltensten Fällen. Zunächst einmal legen Ihnen die verantwortlichen Führungskräfte sehr vernünftig klingende Erklärungen vor, mit denen sie jede Handlung rechtfertigen, die Sie in Ihrer Unwissenheit als manisch bezeichnen. Wenn Sie weiterhin darauf beharren, daß sich das Unternehmen auf einem gefährlichen Kurs befindet, entgegnet man Ihnen höflich, daß Sie davon eben nichts verstehen und im übrigen auch gar nicht verantwortlich sind. Sollten Sie dann immer noch nicht locker lassen, hören Sie etwa folgendes: „Wenn Sie uns nicht unterstützen wollen, dann legen Sie uns wenigstens keine Steine in den Weg." Schließlich wird man Sie versetzen oder entlassen. Damit ist aber weder dem Unternehmen noch Ihnen gedient. Also müssen die Techniken zur Behandlung der Manie etwas ausgefeilter sein.

Drei Möglichkeiten bieten sich an:

1. Treffen Sie eine schriftliche Vereinbarung.
2. Arbeiten Sie einen Plan aus.
3. Verwenden Sie Ankertechniken.

Kontrolle durch eine schriftliche Vereinbarung

Die Behandlung eines manischen Unternehmens ist unter anderem deshalb so kompliziert, weil es so schwer ist, es zu beeinflussen. Manische Organisationen sind sehr behende. Kaum denken Sie, daß Sie sich ein klein wenig Einfluß in einem bestimmten Bereich gesichert hätten, beschäftigt sich das manische Unternehmen schon wieder mit ganz anderen Dingen. Wenn damit ein echter Fortschritt verbunden wäre, müßten Sie sich ja keine Sorgen machen. Aber Sie haben es mit einer exaltierten Organisation zu tun, die sich kaum oder gar nicht um die Fakten kümmert, sondern ständig um die eigene eingebildete Großartigkeit kreist. Die Situation erscheint ziemlich hoffnungslos. Sie hinken immer hinterher.

Um die Manie in den Griff zu bekommen, müssen Sie das Unternehmen dazu bewegen, sich an feste Regeln zu halten. Dafür gibt es eine einfache Methode: Sie handeln eine Vereinbarung aus. Zunächst erarbeiten Sie eine Lösung, die Sie dann einer Führungskraft vorlegen, die mit genügend Autorität ausgestattet ist. Handeln Sie nun auf dieser Grundlage eine Vereinbarung aus und bringen Sie diese in Vertragsform, um einen formellen Rahmen zu haben. Ihr Vertrag kann mündlich oder schriftlich geschlossen werden, aber wie alle Verträge wird er von beiden Parteien einvernehmlich vereinbart.

Sie müssen dabei auf einen entscheidenden Punkt achten: Formulieren Sie Ihr Vorhaben so, daß es dem Unternehmen Vorteile verspricht. Wenn Sie Einfluß auf ein außer Kontrolle geratenes Unternehmen gewinnen wollen, müssen Sie diese Absicht so verpacken, daß sie den zuständigen Managern annehmbar erscheint. Die folgenden Beispiele drei verschiedener Unternehmen illustrieren, wie diese Methode funktioniert.

Joseph Sr. gründete ein kleines Industrieunternehmen, das jahrelang erfolgreich betrieben wurde, solange die Nachfrage nach dem Schlüsselprodukt anhielt. Als es jedoch veraltete und die Firma auf eine Krise zusteuerte, übernahm Joseph Jr. das Ruder und brachte die Rettung, indem er auf eine neue Produktlinie umstellte. In den darauffolgenden 20 Jahren pendelte sich der Umsatz auf einem gleichbleibenden Niveau ein, und der Markt wurde im Laufe der Zeit gesättigt. Joseph Jr. sah trotzdem voller Hoffnung in die Zukunft. Er hatte sogar grandiose Pläne, wie er die Marktanteile verdoppeln könnte.

Joseph III. nahm zu jener Zeit eine untergeordnete Stellung im Unternehmen ein, besaß dafür aber einen von nostalgischen Anwandlungen ungetrübten Blick für die Realität. Er sah, daß es mit der Firma bergab ging und wollte andere Produktlinien ausbauen. Gleichzeitig kannte er seinen Vater gut genug, um zu wissen, daß dieser ausschließlich auf das Produkt setzte, mit dem er die Firma vor zwanzig Jahren gerettet hatte. Er machte seinem Vater also einen Vorschlag: Er bat ihn um die Erlaubnis, neue Produkte zu erforschen, und machte ihm gleichzeitig die Aussicht darauf schmackhaft, daß sein Sohn auf diese Weise endlich etwas gegen seine mangelnde Führungserfahrung unternahm.

Sie wurden sich schnell einig. Joseph III. sollte ein kleines Budget erhalten und damit ein neues Produkt pro Jahr entwickeln, während er gleichzeitig seine bisherige Arbeit erledigte. Diese Vereinbarung wurde in einer Aktennotiz schriftlich festgehalten.

Joseph III. hatte also sein Ziel – Einflußnahme auf eine sich verschlechternde Situation – erreicht, indem er seinem Vater ebenfalls einen Vorteil in Aussicht stellte, nämlich die Erweiterung seines Erfahrungshorizonts.

Joseph Jr. starb fünf Jahre später. Die fünf neuen Produktlinien von Joseph III. hatten einen bescheidenen Erfolg verzeichnet. In den darauffolgenden drei Jahren verzehnfachte die Firma unter der Führung des jungen Chefs ihren Umsatz.

Aber was können Sie tun, wenn Sie zufällig nicht der Sohn oder die Tochter des Chefs sind? Auch dann steht Ihnen diese Methode offen. Ein Beispiel dafür ist Louisa, Produktmanagerin in einem Unternehmen für Verbraucherprodukte. Ihr Vorgesetzter, der Leiter der Forschungs- und Entwicklungsabteilung, hat sich darauf versteift, jeden Vorschlag für ein neues Produkt, der ihm auf den Schreibtisch flattert, zu realisieren. Es handelt sich um eine klassische Manie in ihrer schlimmsten Ausprägung. Kein Unternehmen hat die Zeit oder die Ressourcen, jedes nur mögliche neue Produkt erfolgreich zu vermarkten.

Louisa weiß genau, daß nicht wenige dieser Produkte ein reines Verlustgeschäft sind. Sie legt deshalb eine Strategie fest: Sie will Mindestanforderungen erarbeiten, denen alle Vorschläge für Produktneuentwicklungen genügen müssen. Nach reiflicher Überlegung hält sie drei Kriterien für ausreichend: ein Umsatzpotential von 50 Mio. Dollar jährlich, eine Amortisationszeit von drei Jahren und eine Kapitalrendite von 20 Prozent. Alle Vorschläge, die diese drei Anforderungen nicht erfüllen, sollen abgewiesen werden.

Nun weiß Louisa aber, daß sie nicht einfach zu ihrem Vorgesetzten gehen und sagen kann: „Sie machen Blödsinn, und ich halte meine Idee für besser, hier, unterzeichnen Sie bitte meinen Vorschlag." Statt dessen recherchiert sie Fakten, erstellt anhand einiger Beispiele vorläufige Kostenberechnungen und präsentiert dann ihre Idee als *Vorschlag zur Erhöhung der Rentabilität*. Dabei hält sie sich an die reinen Tatsachen: Wenn die Abteilung nur noch die Projekte mit einem größeren Umsatzpotential, einer schnelleren Amortisation und einer höheren Kapitalrendite verfolgt, dann steigt die Rentabilität tatsächlich. Der Leiter der Forschungs- und Entwicklungsabteilung ist mit Louisas Vorschlag einverstanden, und beide unterzeichnen eine Vereinbarung, in der die Kriterien im einzelnen festgehalten sind.

Louisa hat ihr Ziel – den manischen Aktivitätsdrang in der Abteilung unter Kontrolle zu bekommen – erreicht, indem sie ihrem Vorgesetzten einen Vorschlag unterbreitete, der auch in seinem ureigenen Interesse lag. Außerdem hat sie sich auf einen Bereich beschränkt, den sie beeinflussen konnte, nämlich ihre eigene Abteilung. Sie hat eine Insel der Vernunft geschaffen und wird damit früher oder später auch die anderen Abteilungen beeinflussen.

Ein weiteres Beispiel für diese Methode ist die Restaurant Developers Corporation (RDC). Die Kette mit Sitz in Cleveland geriet Mitte der achtziger Jahre in einen Sog, der zum wahllosen Verkauf von Franchiserechten führte. Bald legte das Unternehmen alle Symptome des manischen Verhaltens an den Tag. Obwohl RDC nur eine kleine Firma war, investierte sie Mio. Dollar in die Expansion auf nationaler Ebene. Bezeichnenderweise betrieb sie eine höchst mangelhafte Marktforschung. Jeder Interessent, der etwas Geld aufbringen konnte, qualifizierte sich schon. Die Frage, ob es realistisch war, in die betreffenden Märkte einzudringen, war lange Zeit nebensächlich.

In Kalifornien wurde RDC schließlich von der Realität eingeholt. Die Speisekarte entsprach nicht den Wünschen der kalifornischen Kunden, die Werbekosten waren bedeutend höher als im mittleren Westen, dafür lag der Umsatz weit niedriger. Die Franchisenehmer von RDC gingen reihenweise pleite. Statt sich aus dem Markt zurückzuziehen, pumpte RDC jedoch noch mehr

Geld in die Expansion. Bald kreisten alle Bemühungen nur noch um die Erweiterung des Unternehmens. Doch der Präsident gab sich unbekümmert: „Keine Sorge“, wiegelte er ab, „ihr verkauft die Rechte, und wir sorgen für die Eröffnung.“

Der Börsenkrach im Jahr 1987 machte dem Spuk ein Ende. RDC befand sich in einer hilflosen Lage. Die Gläubigerbanken setzten bei der Unternehmensleitung durch, daß die Geschäftsführung an den Chief Operating Officer übergeben wurde. Dieser stand mit beiden Beinen fest auf dem Boden und hatte sich von den manischen Verhaltensweisen nicht anstecken lassen.

Der neue Chef führte die Wende herbei, indem er einen Vertrag schloß, den er „Leistungskatalog“ nannte. Dieser Leistungskatalog bestand aus einem Verzeichnis von vierteljährlich und jährlich gemessenen Faktoren. Jedes Mitglied des Unternehmens hatte einen solchen Vertrag, vom Chef bis zu den Sekretärinnen. Der Katalog wurde nicht diktiert, sondern in gegenseitigem Einvernehmen ausgehandelt. Die Ergebnisse rechtfertigten den Aufwand: Die Firma arbeitete schon nach einem Jahr wieder rentabel, und die Einnahmen stiegen in drei Jahren um fast 31 Prozent. Die Zeitschrift *Success* plazierte das Unternehmen im Jahr 1990 auf Platz eins seiner Liste „The Success Gold 100“.[5]

Wenn Sie Symptome des manischen Verhaltens erkennen und Ihr Verdacht sich bestätigt, dann sollten Sie sich schleunigst um einen derartigen Vertrag bemühen. Er stellt außerdem ein gutes Instrument dar, um einer weiteren Ausbreitung des manischen Verhaltens in Ihrem Unternehmen oder Ihrer Abteilung entgegenzuwirken.

Auch wenn Sie nicht den oberen Führungsebenen angehören, können Sie einen Vertrag entwerfen und ihn dann Ihrem Vorgesetzten vorlegen. Betonen Sie die Vorteile aus Unternehmenssicht. Manische Manager akzeptieren bereitwillig jede Idee, die sie in ihren Ansichten über die weitere Entwicklung der Firma bestärken. Wenn Sie selbst Führungskraft sind, können Sie einen solchen Vertrag für Ihre Untergebenen entwickeln. Auf diese Weise wird man Ihnen nicht Willkür vorwerfen, wenn Sie wieder einmal eine grandiose Idee ablehnen, und es wird Ihnen leichter fallen, die guten von den schlechten Vorschlägen zu unterscheiden. Wenn die Krankheit schon weit fortgeschritten ist, können Regelvereinbarungen durch einen Vertrag die Rettung in letzter Minute bedeuten. Die Behandlung wirkt immer, unabhängig davon, wer sie eingeleitet hat.

Kontrolle durch einen Plan

Eine Manie kann nicht nur durch gemeinsam ausgehandelte Regeln – einen Vertrag – behandelt werden, sondern auch durch die Festlegung einer Richtung – mit Hilfe eines Plans. Ein Plan dient als Straßenkarte, auf der sich ein Unternehmen orientieren kann, ohne in die Fallen des manischen Verhaltens zu stolpern. Ein gut durchdachter Plan trägt dazu bei, die Auswüchse der Manie einzudämmen, das chaotische Verhalten in geordnetere Bahnen zu lenken und die Firma wieder auf den richtigen Weg zu bringen. Er bewirkt, daß das Unternehmen sich wieder realistische Ziele steckt.

Die Rahmenbedingungen und der Inhalt des Plans hängen von der spezifischen Situation ab. Wenn das Problem im Marketingbereich liegt, braucht man einen Marketingplan. Wenn die Produktion außer Kontrolle geraten ist, brauchen Sie einen Ablaufplan. Befindet sich die gesamte Firma in einer tiefen Krise, könnte ein Strategieplan die Antwort sein.

Entscheidend ist, daß Sie überhaupt einen Plan haben und ihn anwenden. Ohne feste Bezugspunkte läuft jedes Unternehmen Gefahr, ins Chaos abzugleiten. Bei einem manischen Unternehmen ist das schon geschehen, doch mit dem richtigen Plan können Sie es wieder auf sicheren Boden bringen.

Vielleicht überlegen Sie nun schon, an wen Sie die Erstellung des Plans delegieren sollten. Oder Sie denken darüber nach, ob nicht gleich das gesamte Unternehmen daran beteiligt werden sollte. Dies sind „Total Quality Management“-Lösungen, die auch in einem nicht-manischen Unternehmen auch gute Erfolgschancen hätten. Aber eine manische Firma wird einen manischen Plan entwickeln, und jede Einheit innerhalb der Firma, an die Sie die Aufgabe delegieren, ist wahrscheinlich ebenfalls manisch. Die Heilungschancen wären sehr gering, wenn Sie sich für eine dieser Möglichkeiten entscheiden würden.

So bleibt Ihnen also nur eins: Sie müssen den Plan selbst ausarbeiten, wenn Sie Veränderungen herbeiführen wollen. Dann können Sie immer noch andere Mitarbeiter, die von der Manie betroffen sind, um ihre Meinung bitten. Dabei spielt es keine Rolle, ob Sie zur Geschäftsleitung gehören und die ganze Organisation heilen wollen, oder ob Sie sich in einer untergeordneten Position befinden und versuchen, von dort aus einen kleinen Bereich zu behandeln. Aber Vorsicht: Wenn Sie keine Entscheidungsbefugnisse haben, sollten Sie es vermeiden, in Ihrem Plan von *Manie* oder *manischen Organisationen* zu sprechen. Sonst kann es passieren, daß sich die Mitarbeiter sofort in der Defensive verschanzen und ihre untragbaren Verhaltensweisen rechtfertigen.

Ihr Plan muß nicht unbedingt sehr komplex sein, aber er sollte die wichtigen Einzelheiten enthalten, die das manische Unternehmen so beharrlich ignoriert. Zu den traditionellen Elementen eines Plans gehört ein kurzer Bericht für die Geschäftsleitung, ein Inhaltsverzeichnis, eine Situationsanalyse, Ziele, Strategien und Taktiken sowie die Methoden zur Durchführung Ihrer Vorschläge und zur Erfolgskontrolle. Außerdem können Sie auch Zeit- und Budgetplanungen aufnehmen.

Wenn Sie eine leitende Position bekleiden, dürfte es nicht weiter schwierig sein, Ihren Plan vorzustellen und sich die nötige Unterstützung zu sichern. Aber auch in allen anderen Fällen sollten Sie sich von der Erstellung eines Plans nicht abhalten lassen. Legen Sie ihn einfach Ihrem Vorgesetzten vor und bitten Sie ihn darum, Ihre Vorschläge durch die Hierarchien nach oben zu schicken, dorthin, wo Ihre Behandlung ansetzen soll. Sie werden erstaunt sein, welche Resultate Sie erzielen. Eine unserer graduierten Studentinnen mußte die Universität verlassen und eine Stelle annehmen, weil sie ihr Studium nicht mehr finanzieren konnte. Leider landete sie in einem manischen Unternehmen. Doch sie wußte sich zu helfen: Sie stellte einen Marketingplan auf, durch den sie nicht nur die Manie unter Kontrolle brachte, sondern der ihr auch in weniger als einem Jahr die Beförderung zur Werbeleiterin bescherte.

Kontrolle durch Ankertechniken

Manchmal erkennen Sie ganz deutlich, daß Sie ein manisches Unternehmen heilen könnten, wenn es sich nur dazu bewegen ließe, ganz bestimmte Maßnahmen zu ergreifen. Das Problem ist, daß genau diese Maßnahmen durch die Manie verhindert werden. Sie brauchen also eine Methode, um das Unternehmen so zu beeinflussen, daß es Korrekturen vornimmt. Zu diesem Zweck gibt es die Ankermethode.

Unter einem Anker ist ein Symbol zu verstehen, das eine bestimmte Reaktion hervorruft, auch wenn es keinen direkten Bezug zu dieser Reaktion zu haben scheint. Die Glocke, die den Pawlowschen Hund zur Speichelproduktion anregte, obwohl gar kein Futter vor ihm stand, war ein solcher Anker. Durch die Ankertechnik hatte die Glocke eine Bedeutung erhalten, die mit dem Riechen oder Sehen des Futters gleichzusetzen war.

Manche Anker entstehen, wenn mitten in einer emotionalen Erfahrung ein Symbol präsentiert wird. Später wird der Anker mit der Emotion verknüpft, so daß er alleine sie wieder hervorrufen kann. Manchmal entsteht ein Anker auch ohne ein intensives Erlebnis, nämlich dann, wenn zahlreiche Erfahrungen gemacht wurden, die das Symbol und das, wofür es steht, verknüpfen. Solche Anker sind wie Symbole für die verschiedenen Funktionen eines Computerprogramms. Während Sie sich mit dem Programm vertraut machen, lernen Sie, daß ein Symbol für die Textverarbeitung steht, ein anderes für die Grafik, wieder ein anderes für die Dateiverwaltung, etc. Nach einer gewissen Zeit überspringt Ihr Gehirn den Gedanken „steht für“. Das Symbol wird mit der Funktion gleichgesetzt, so wie der Pawlowsche Hund die Glocke mit seinem Futter gleichsetzte.

Vermutlich geschieht dasselbe beim Fremdsprachenstudium. Zuerst lernen Sie, daß bestimmte Klänge der Fremdsprache für bestimmte Worte der Muttersprache stehen. Nach einer gewissen Zeit überspringt das Gehirn diesen Zwischenschritt. Sie denken nicht zuerst an das Wort oder den Satz der Muttersprache, sondern sofort in der Fremdsprache. Die Wörter der Fremdsprache sind jetzt Anker, die Gedankenreaktionen auslösen.

Zu den bekanntesten Ankern gehört die amerikanische Flagge. Sie steht für die Vereinigten Staaten, für Freiheit, Tapferkeit und den „American Way of Life“. Weil diese Konzepte emotional stark besetzt sind, kann das Vorhandensein einer Flagge in bestimmten Situationen unsere Emotionen beeinflussen. Plötzlich spüren wir einen Kloß im Hals, oder Tränen treten uns in die Augen. Deshalb umgeben sich Politiker im Wahlkampf auch so gerne mit dem Symbolismus dieser Flagge. Die von ihr hervorgerufenen positiven Emotionen sollen mit ihrem jeweiligen Wahlprogramm identifiziert werden.

Die Anker ermitteln und einsetzen

Durch die Ankertechnik können Sie erwünschte Verhaltensmuster hervorrufen, die dem manischen Verhalten entgegenwirken. Dazu verknüpfen Sie das Verhalten, das Sie erzielen wollen, mit dem stärksten Anker, den Sie finden können.

Der erste Schritt muß also darin bestehen, den bestmöglichen Anker zu finden. Es muß nicht unbedingt eine Person sein. Es kann auch ein Ort, ein Konzept oder ein Gegenstand sein. Die Hauptsache ist, daß der Anker etwas symbolisiert, was eine starke Gefühlsreaktion und eine Identifikation in bezug auf das Unternehmen auslöst.

Setzen Sie sich dazu zunächst einmal mit dem Unternehmen auseinander. Woran glaubt es? Welches sind seine Werte? Wofür steht es? Nachdem Sie diese grundsätzlichen Fragen geklärt haben, können Sie nach Ankern suchen. Welche Symbole stehen für die grundsätzlichen Ziele?

Vielleicht finden Sie eines oder mehrere der folgenden Symbole:

- *Eine Person.* Der Chef, der Gründer oder eine maßgebliche Persönlichkeit im Unternehmen.
- *Ein feierliches Ereignis.* Das Jahresessen für die Vertriebsmitarbeiter, das Bankett anläßlich einer Preisverleihung oder die Verabschiedungsfeiern für Pensionäre.
- *Eine Bezeichnung.* Unternehmensinterner Jargon, Spitznamen.
- *Eine Veranstaltung.* Jedes Jahr tritt derselbe Redner auf, der über das Thema Motivation spricht.
- *Ein Gegenstand.* Das Unternehmenslogo, die Limousine des Chefs.
- *Eine Eigenschaft.* Klein oder groß, vergangener Erfolg, geografische Lage.
- *Aspekte der Unternehmenskultur.* Betonung darauf, daß die Familie ein Teil des Unternehmens ist.
- *Eine Tradition.* Ein Weihnachtsessen, ein Betriebsfest.

Zur Behandlung der Manie müssen Sie nun einen Weg finden, um den Anker mit Ihrem Ziel zu verknüpfen. Ihre Vorgehensweise hängt dabei weitgehend von der jeweiligen Situation ab. Gebrauchen Sie Ihre Phantasie und Ihren gesunden Menschenverstand. Die folgenden Beispiele sollen Ihnen einige Anregungen geben.

Nehmen wir an, Sie sind Vertriebsleiter in einem Geschäftsbereich. Auf dem Papier sieht alles gut aus, denn Ihr Jahresumsatz kann sich sehen lassen, aber Sie haben trotzdem das Gefühl, daß Ihrem Erfolg die solide Grundlage fehlt. Ihre Vertriebstruppe hat sich auf die wilde Jagd nach Neukunden konzentriert, was jedoch auf Kosten der schon gewonnenen Kunden geht, für die kaum noch Zeit übrig bleibt. Irgendwie müssen Sie diese manische Aktivität in vernünftige Bahnen lenken.

In der Firma werden alljährlich die besten Vertriebsmitarbeiter jedes Geschäftsbereichs ausgezeichnet, und die Preise sind sehr begehrt. Dies ist Ihr Anker: Die Preise gelten als erstrebenswert und wertvoll. Um nun den Anker mit der erwünschten Handlung zu verknüpfen, rufen Sie in diesem Jahr eine neue Auszeichnung ins Leben: einen Kundendienstpreis, mit einem Sonderbonus für die gute Betreuung schon kaufender Kunden.

Ein anderes Beispiel: Sie sind Projektmanager in einer Maschinenbaufirma. Ihre Abteilung genießt schon seit langem einen besonders guten Ruf dafür, daß sie neue Projekte tadellos analysiert. Bisweilen macht sich sogar das vage Gefühl breit, daß diese Analysen zu penibel sind, weshalb es auch so lange dauert, bis die Projekte endlich realisiert werden. Als unbewußte Reaktion darauf hat die Abteilung im vergangenen Jahr einige Anzeichen manischen Verhaltens entwickelt. Die Mitarbeiter schreiten zur Tat, ohne ausreichend zu planen. Wichtige Details werden übersehen, so daß Probleme in der Ausführungsphase und Budgetüberschreitungen die Folge sind.

Um die Abteilung wieder zur Vernunft zu bringen, beschließen Sie, es mit einer Rückbesinnung auf den alten Ruf zu versuchen und eine positive Eigenschaft daraus zu machen. Der erste Schritt besteht darin, Ihre Gruppe die „Analytiker" zu nennen. Dieser neue Name taucht überall an gut sichtbarer Stelle auf, von den Türschildern bis zu den Notizblöcken. Sie ändern sogar den Namen des Softballteams der Abteilung.

Mit diesem omnipräsenten Spitznamen als Erinnerungshilfe verändern sich die Arbeitsgewohnheiten allmählich wieder zum Positiven. Bald sagen auch andere Mitarbeiter im Unternehmen Dinge wie: „Vielleicht sollten Sie das mit einem der Analytiker besprechen." Der Anker ist in diesem Fall also ein besonders symbolträchtiger Name, der das erwünschte Verhalten in einen positiven Rahmen kleidet.

Als einen starken Anker bietet sich in vielen Unternehmen ein sehr angesehenes Mitglied an. Diese Person können Sie in Ihre Kampagne gegen die Manie einbinden. Genau dies geschah vor einigen Jahren bei Honda.

Der Anker bei Honda

Nobuhiko Kawamoto übernahm im Juni 1990 den Chefsessel bei Honda. Die Zeiten waren nicht die besten. In Japan ging die Nachfrage nach Autos zurück. Der US-amerikanische Markt war eingebrochen, und die Spannungen in den Außenhandelsbeziehungen zwischen den beiden Staaten drohten die Exporte weiter zu beeinträchtigen.

Diese schwierigen Bedingungen waren für den neuen Präsidenten besonders besorgniserregend, weil er bald erkannte, daß bei Honda ein manisches Klima herrschte (auch wenn er diesen Begriff vermutlich nicht benutzte). Honda gehörte schon nach 21 Jahren zu den drei Großen auf dem amerikanischen Markt. In Japan hatte der Konzern seinen Marktanteil gehalten, während Toyota und Nissan langsam Anteile eingebüßt hatten. Dieser Erfolg der Vergangenheit verleitete den Konzern allmählich dazu, sich für unbesiegbar zu halten.[6]

Kawamoto analysierte die Lage und kam zum Schluß, daß die Zukunft des Konzerns davon abhänge, daß schnelle Entscheidungen getroffen würden. Bisher waren die vom Firmengründer eingeführten Techniken des Konsensmanagement hochgehalten worden. Das bedeutete, daß Probleme auf allen Führungsebenen so lange diskutiert wurden, bis man eine Einigung fand. Dieser Führungsstil hat den großen Vorteil, daß jede Entscheidung von einer breiten Basis mitgetragen wird. In der Vergangenheit hatte er maßgeblich zum Erfolg des Konzerns beigetragen. Das Problem ist nur, daß es oft lange Zeit dauert, bis auf diese Weise eine Entscheidung zustandekommt. Außerdem erzeugt die Entscheidungsfindung nach dem Konsensprinzip in einem manischen Unternehmen zwangsläufig manische Entscheidungen.

Präsident Kawamoto war klar, daß die positive Bilanz der Vergangenheit kein Garant für den zukünftigen Erfolg war. Er kam zu der Überzeugung, daß das Konsensmanagement abgeschafft werden mußte, wenn man den drohenden Gefahren die Stirn bieten wollte. Es war ein erstaunlicher Schritt: Ein japanischer Konzern nahm einen amerikanischen Führungsstil an, und das zu einem Zeitpunkt, zu dem viele amerikanische Firmen versuchten, die japanischen Methoden zu kopieren. Er mußte vorsichtig vorgehen.

Kawamoto wußte, daß es bei Honda einen mächtigen Anker gab: der Gründer Soichiro Honda. Die Mitarbeiter brachten ihm eine Ehrerbietung entgegen, die weit über den üblichen Respekt hinausging. Obwohl er die nötigen Entscheidungsbefugnisse besaß, um das durchzusetzen, was er für richtig hielt, beschloß Kawamoto, diesen mächtigen Anker zu Hilfe zu nehmen. Er besuchte Honda in seinem Büro in Tokio und sagte: „Es tut mir leid, das sagen zu müssen, aber nicht alles, was Sie einmal für richtig hielten, trifft auch heute noch zu." Schließlich erklärte sich der Gründer bereit, den geplanten Veränderungen öffentlich zuzustimmen. Die 87000 Honda-Mitarbeiter reagierten auf seinen Auftritt wie erwartet: mit Respekt und Vertrauen. Sie unterstützten die von Kawamoto initiierten Veränderungen, obwohl sie einen radikalen Bruch mit den bisherigen Gewohnheiten und Verfahrensweisen bedeuteten.[7]

Kawamotos drastischer Schritt löste nicht alle Probleme des Konzerns im Eilschritt. Dies kann keine Therapie bewirken. Während wir noch an diesem Manuskript schreiben, haben wir erfahren, daß die Gewinne bei Honda im vergangenen Jahr weiter zurückgegangen sind. Aber der Konzern behauptet sich besser als jeder andere in der Automobilbranche. Er hat in den Vereinigten Staaten mehr Marktanteile gewonnen als alle anderen großen Wettbewerber, und in Japan ist es ihm gelungen, Toyota, Nissan und Mazda Marktanteile abzunehmen.

Zusammenfassung

Manische Unternehmen gehen davon aus, daß ihnen keinerlei Mißerfolge drohen können. Dieser Annahme fehlt jede reale Grundlage. Oft entsteht sie, weil in der Vergangenheit große Erfolge gefeiert wurden. Die Manager und Mitarbeiter stürzen sich dann in ihrer übersteigerten Begeisterung auf immer grandiosere Pläne und übersehen dabei wichtige Details. Das Unternehmen gerät außer Kontrolle.

Der wichtigste Bestandteil der Behandlung besteht deshalb darin, die Lage wieder unter Kontrolle zu bekommen. Dazu gibt es drei Techniken:

1. einen Vertrag schließen, der die Einhaltung fester Regeln garantiert,
2. einen Plan erarbeiten, damit eine klare Richtung vorliegt,
3. Ankertechniken anwenden, um das gewünschte Verhalten mit einem schon vorhandenen Symbol zu verknüpfen.

Entscheidend ist immer, daß Sie mit der Behandlung so früh wie möglich beginnen, um das manische Verhalten einzudämmen.

Literatur

[1] Appelbaum, Clara (1990): „EPI, a Victim of Its Success, Files Chapter 11“, *Adweeks's Marketing Week*, 10. September 1990, S. 28.

[2] Brooke, Lindsay (1990): „Tadashi Kume: 1990 Man of the Year“, *Automotive Industries*, Februar 1990, S. 58–64.

[3] Cook, Dan (1990): „EPI Products: Fast Growth Leads to Growing Pains“, *California Business*, Februar 1990, S. 15.

[4] Hartley, Robert F. (1981): *Marketing Mistakes*, 2. Aufl. (Columbus, Ohio: Grid, 1981), S. 139–150.

[5] Kets de Vries, Manfred F. R./Danny Miller (1987): *Unstable at the Top* (New York: New American Library, 1987), S. 2–5.

[6] Poe, Richard (1990): „Grow Up or Die: How Disaster Made This Franchise Fight Back to Victory“, *Success*, November 1990, S. 11.

[7] Taylor III, Alex (1991): „A U. S.-Style Shakeup at Honda“, *Fortune*, 31. Dezember 1991, S. 115–121.

3 *Auf der Achterbahn* – Die manische Depression

Zyklen sind nicht wie Mandeln, die man einfach herausnehmen kann, sondern sie gehören, wie der Herzschlag im Körper, zum Wesen des Organismus, der sie erzeugt.
Joseph A. Schumpeter, amerikanischer Wirtschaftswissenschaftler

Glück und Elend spielen sich im Geist ab. Der Geist ist lebendig.
William Cobbett, Grammar of the English Language

In einem manisch-depressiven Unternehmen fühlt man sich wie in der Achterbahn: Beim Aufwärtsfahren halten Sie vor Spannung die Luft an, weil Sie wissen, was gleich passiert, und schon sausen Sie wieder hinunter, fahren eine kurze ebene Strecke, und die Spannung baut sich von neuem auf.

Eine Achterbahn dient dem Vergnügen. Diejenigen, die eine Karte lösen, tun es freiwillig, weil sie Spaß haben wollen. Auf jeden Fall wissen sie, daß sie aussteigen können, sobald die Fahrt beendet ist. Ein Unternehmen dagegen ist keine Kirmes, und für ein Unternehmen zu arbeiten, das an manischer Depression leidet, macht auch keinen Spaß. Es ist, als säßen Sie in einer Achterbahn, die nicht anhält, bis Sie schließlich bei hoher Geschwindigkeit aus der Spur fliegen und die schlimmsten Blessuren davontragen.

Die manische Depression ist eine Krankheit, die den Patienten (ob Mensch oder Organisation) in einem gnadenlosen Zyklus gefangen hält: Auf die manische Phase mit ihrer typischen Hyperaktivität und dem unbegründeten Enthusiasmus folgt unweigerlich eine Depression mit ihrer typischen Antriebslosigkeit und Apathie, und dann beginnt der Zyklus wieder von vorne. In der manischen Phase werden Pläne entworfen, die von vornherein zum Scheitern verurteilt sind, und der unvermeidliche Mißerfolg führt geradewegs in die Depression.

Nun ist es normal, sich für ein Projekt zu begeistern, auf das man sehr stolz ist, und es ist auch normal, sich deprimiert zu fühlen, wenn dieses Projekt mißlingt. Aber etwas anderes ist es, wenn sich dieser Prozeß, wie in einer manisch-depressiven Organisation, ständig wiederholt.

Manische Depression bei E. J. Korvette

1948 gründete Eugene Ferkauf ein kleines Koffergeschäft im zweiten Stock eines unscheinbaren Gebäudes in East Manhattan. 17 Jahre später leitete er eine Discounterkette mit einem Jahresumsatz von 700 Mio. Dollar. Ferkauf nannte sein Unternehmen E. J. Korvette.

Der Aufstieg von Korvette war so beeindruckend, daß die Harvard Business School Ferkauf einmal zu den sechs fähigsten amerikanischen Einzelhändlern zählte. Harvard sollte diese enthusiastische Einschätzung noch bereuen.

Eugene Ferkauf war ein ruhiger, bescheidener Mann, der seine Firma auf der Discounter-Revolution aufbaute, die das Land nach dem Zweiten Weltkrieg erfaßte. Er war ein früher Befürworter des „Management by Walking Around". Mit seinen informellen „Streifengängen" sorgte er dafür, daß er stets auf Tuchfühlung mit der „Basis" blieb. Es fände sich wohl kaum ein Anhaltspunkt dafür, seine persönliche Führungsbefähigung und seine Arbeitsweise anzugreifen. Sein Versagen bestand vielmehr darin, daß er es versäumte, einen schweren Fall von manischer Depression zu diagnostizieren und zu behandeln.

Zwischen 1962 und 1966 stiegen die Verkaufsfläche und das Umsatzvolumen bei E. J. Korvette um mehr als das Dreifache. Bezeichnenderweise traten gerade in dieser Periode des schnellsten Wachstums die Krankheitssymptome zum ersten Mal auf.

Es begann mit der Manie. Die Manager waren überzeugt, daß sich alles in Gold verwandelte, was sie anfaßten – sie überschätzten sich. Plötzlich verkauften sie nicht mehr nur Gebrauchsgüter wie große und kleine Haushaltsgeräte, von denen sie etwas verstanden, sondern auch Waren, mit denen sie noch nie etwas zu tun gehabt hatten. Korvette stürzte sich ins Modegeschäft. Geblendet vom Expansionspotential und den höheren Gewinnspannen in diesem Zweig achtete niemand auf die Details. Niemand bemerkte, daß die Schnellebigkeit der Mode ein höheres Maß an Managementkontrolle erforderte. Die Preise mußten wiederholt gesenkt werden, und einige Artikel konnten überhaupt nicht verkauft werden. Die Firma erlitt herbe Verluste und fiel prompt in eine Depression. Nur durch eine erneute Manie fand sie den Weg wieder heraus.

Bis 1962 hatte Korvette zwei Supermärkte besessen. In der folgenden manischen Phase wurde beschlossen, neben den Diskontläden auch Supermärkte zu eröffnen, um so mit denselben Kunden nochmals Umsätze machen zu können. Wieder begnügte sich Korvette nicht mit halben Sachen, sondern eröffnete beinahe über Nacht 22 Supermärkte. Die Manie nahm ihren unerbittlichen Lauf. In der Expansionslaune hatte sich leider niemand um eine fundierte Planung gekümmert. So konnte es geschehen, daß die Lagerhaltungseinrichtungen einfach vergessen wurden. Um zu vermeiden, daß Artikel in den Regalen fehlten, mußten die Supermärkte große Mengen vorrätig halten. Die Grundregel im Discountergeschäft lautet jedoch, nur einen Mindestbestand bei schnellem Umschlag zu lagern. Corvette fiel wieder auf die Nase und verlor bei diesem Unterfangen in nur einem Jahr 12 Mio. Dollar. Das Unternehmen verfiel erneut in Depressionen.

So ging es weiter mit dem Auf und Ab. Die Firma stieg in das Geschäft mit Diskontmöbeln ein, nur um schnell wieder die Finger davon zu lassen. Sie versuchte sogar, ebenfalls erfolglos, nach dem Vorbild von Avon einen Kosmetikverkauf im Direktvertrieb aufzuziehen.

1966, als das Unternehmen sich gerade wieder in einer Depression befand, fusionierte E. J. Korvette mit Spartan Industries. Zwei Jahre später wurde Ferkauf aus dem Geschäft gedrängt. Spartans neuer Geschäftsbereich Korvette litt aber weiterhin an seiner manischen Depression. Die Manager waren überzeugt, daß alle Probleme nur auf den unseligen Expansionsdrang zurückzuführen seien, und äußerten ihr manisches Verhalten fortan auf andere Art und Weise. Die Losung hieß nun, die Rentabilität könne einzig und alleine durch den Verkauf höherwertiger Produkte zu entsprechend höheren Preisen verbessert werden. Also gab man das bisherige Warenangebot auf und verlor prompt die meisten der früheren Kunden. Der Geschäftsbereich verlor fast vier Mio. Dollar und fiel erneut in eine Depression. Zu diesem Zeitpunkt verkaufte Spartan schließlich die Supermärkte von Korvette.

Kurze Zeit später fusionierte Spartan mit einer großen Immobiliengesellschaft. Der neue Eigentümer änderte den Namen des Bereichs, indem er ein *s* hinzufügte und das *E.J.* strich. Doch eine Namensänderung alleine heilt noch keine manische Depression. In den darauffolgenden Jahren setzte sich das manisch-depressive Verhalten fort. „Korvettes" verbuchte entweder große Verluste oder schlidderte gerade noch einmal an den roten Zahlen vorbei. Im gleichen Zeitraum verdienten andere Billigketten wie K mart viel Geld.

Schließlich wurde Korvettes wieder verkauft, dieses Mal an die französische Gesellschaft Agache-Willot. Agache-Willot heilte Korvettes eigentlich nicht, sondern entledigte sich der Krankheit, indem sie dem Patienten den Todesstoß versetzte. Sie zog sich aus dem Discountergeschäft zurück und begann noch einmal von vorne, nämlich mit dem Verkauf von hochwertigen Modeartikeln.[1]

Im Teufelskreis von Manie und Depression

Die Behandlung einer Organisation, die abwechselnd an manischen und an depressiven Phasen leidet, stellt eine große Herausforderung dar. Auch die Diagnose ist nicht leicht zu stellen. Sie finden Symptome für eine Manie und dann wieder für eine Depression, je nachdem, welche Phase gerade an der Reihe ist.

In den manischen Phasen treten alle typischen Anzeichen auf: übersteigertes Selbstvertrauen, fieberhafte Begeisterung, grandiose Pläne, die auf unrealistischen Erwartungen und zu wenig systematischer Planung basieren. Man weiß nie, was als nächstes geschehen wird. In den depressiven Phasen, die unausweichlich folgen, leidet die Organisation unter einem Mangel an Energie, negatives Denken greift um sich, Produktivität und Motivation sinken gleichermaßen in den Keller. Die Organisation schmollt. Wenn sie den Tiefpunkt endlich erreicht hat, schwingt sie sich wieder hinauf in ungeahnte Höhen.

Manchmal können derartige Unternehmen trotz ihrer Krankheit halbwegs rentabel arbeiten. Dann ändert sich vermutlich jahrelang nichts an der Misere. Aber die ständigen Achterbahnfahrten sind für die Beschäftigten, die Kunden und die Lieferanten ein Alptraum. So ist die hohe Fluktuation, die für manisch-depressive Unternehmen charakteristisch ist, nicht verwunderlich.

In den fünfziger Jahren zählte die A. C. Gilbert Company zu den zehn größten Spielzeugherstellern in den Vereinigten Staaten. Seit seiner Gründung im Jahr 1909 stellte das Unternehmen Qualitätsspielwaren her, etwa Chemiekästen, American Flyer-Modelleisenbahnen und Erector-Baukästen.

Dann jedoch, Anfang der sechziger Jahre, gab es Schwierigkeiten. Der Umsatz sank von 12,6 Mio. Dollar auf 11,6 Mio., und der erwirtschaftete Gewinn belief sich auf magere 20 011 Dollar. Das gesamte Unternehmen war am Boden zerstört. Die Geschäftsleitung mußte handeln und zögerte nicht lange – sie verlegte sich auf das manische Verhalten. Gilbert führte eine ganze Phalanx neuer Produkte ein, mehr als je zuvor in so kurzer Zeit auf den Markt gebracht worden waren. Außerdem wurde die Vertriebsmannschaft in weniger als einem Jahr um 150 Prozent erweitert. Alle waren vom zukünftigen Erfolg der neuen „Wunderprodukte“ fest überzeugt und glaubten, die Probleme seien damit behoben. Aber die Hoffnung trog: 1962 ging der Umsatz weiter zurück, auf 10,9 Mio., und der Verlust erhöhte sich auf 281 000 Dollar. Es kam zu einer erneuten Depression.

Im darauffolgenden Jahr führte Gilbert 50 neue Produkte ein, so daß sich nun 307 Artikel in der ständigen Produktion befanden. Um nichts dem Zufall zu überlassen, investierte das Unternehmen gleich noch eine Mio. Dollar, um die alte Produktlinie aufzumöbeln. Sämtliche Mitarbeiter – vom Laufburschen bis zu den Führungskräften – hatten das Gefühl, sich in einem unaufhaltsamen Höhenflug zu befinden. Leider offenbarte die Bilanz von 1963 erneut einen Umsatzrückgang auf 10,7 Mio. Dollar, und die Verluste bezifferten sich auf stolze 5,7 Mio..

Nur wurde das Unternehmen wirklich depressiv. Die Geschäftsleitung heuerte Anson Isaacson an, der die Wende herbeiführen sollte. Er konnte schon auf stolze Erfolge bei der Ideal Toy Company verweisen, die größer als A. C. Gilbert war. Isaacson entließ sämtliche Verkäufer und arbeitete nun mit Vertretern des Herstellers zusammen, in der Hoffnung, die Produkte so besser verkaufen zu können. Außerdem nahm er umfangreiche Entlassungen in der Produktionsabteilung vor. Gleichzeitig führte er zwanzig neue Produkte ein, nachdem er die alte Produktlinie erheblich beschnitten hatte. Die Stimmung wurde wieder optimistisch. 1964 stieg der Umsatz tatsächlich auf 11,4 Mio. Dollar. Die Firma hatte zwar immer noch Verluste eingefahren, aber sie waren auf 1,9 Mio. Dollar gesunken.

Dieser bescheidene Erfolg reichte aus, um Gilbert noch tiefer in die manische Phase zu treiben. Isaacson erweiterte die Produktlinie erneut. Er investierte außerdem zwei Mio. Dollar in die Fernsehwerbung und eine Mio. Dollar für 65 000 Animationsdisplays. Das Hoch war nicht von Dauer. Der Umsatz für 1965 stieg auf 14,9 Mio., allerdings stiegen auch die Verluste, nämlich auf 2,9 Mio. Dollar. Für ein Unternehmen dieser Größenordnung bedeuteten das massive Einbußen.

Wer die Anzeichen zu deuten versteht, erkennt in diesem wilden Auf und Ab – hoher Marketingaufwand und Produkteinführungen nach Verlusten und Sparmaßnahmen – eindeutig die Symptome einer manischen Depression. Aber wie viele Patienten bemerkte auch Gilbert nicht, was vor sich ging. Und das Geld wurde knapp.

Isaacson war jedoch überzeugt davon, daß er Licht am Ende des Tunnels sah, und setzte alle Hoffnungen auf einen großen Kredit. Zur Sicherung der Kreditgeber sah der Darlehensvertrag vor, daß die Unternehmensanteile veräußert werden müßten, falls weiterhin keine Gewinne erwirtschaftet würden. 1966 betrugen die Verluste fast 13 Mio. Dollar. Die einst so stolze Gesellschaft ging unter. Heute können amerikanische Familien immer noch Erector-Baukästen kaufen, aber nicht mehr von A. C. Gilbert, sondern von CBS, Inc.[2]

Die Behandlung der manisch-depressiven Organisation

Ein Unternehmen, das an einer manischen Depression leidet, kann nicht mit denselben Techniken behandelt werden, mit denen sich bei einer jeweils allein auftretenden Manie oder Depression Erfolge erzielen lassen. Damit würde es nur noch tiefer in die Krankheit getrieben werden.

Um die manisch-depressive Organisation zu behandeln, müssen Sie den Abstand zwischen den beiden Extremen verringern. Vereinfacht ausgedrückt, gelingt dies, indem Sie die Zügel straffer halten: Sie strukturieren, disziplinieren und kontrollieren. Gleichzeitig sollten Sie Motivationsanreize geben, um die Moral unter den Beschäftigten aufrechtzuerhalten. Aus einer Autoritätsposition gelingt dies leichter. Wir empfehlen drei spezifische Techniken:

1. *Lassen Sie strikte Disziplin walten, aber sprechen Sie sofort Lob und Anerkennung aus, wenn jemand das Verhalten an den Tag legt, das Sie erreichen möchten.* Es handelt sich um die altbekannte Methode mit Zuckerbrot und Peitsche. Durch Belohnungen und Strafen regulieren Sie das Ausmaß der Extreme zwischen Begeisterung und Depression, bis wieder ein Zustand der Normalität einkehrt.

2. *Konzentrieren Sie sich auf den eigentlichen Unternehmenszweck und nicht auf kurzfristige Gewinne.* Vor Jahren hat Theodore Leavitt von der Harvard University die Meinung geäußert, daß der Zweck eines jeden Unternehmens der sei, Kunden zu finden. Die Gewinne seien zwar notwendig, dürften aber nicht das einzige und wichtigste Ziel sein.[3] Wenn Sie sich darauf konzentrieren, Ihre Kunden zufriedenzustellen, dann folgen Wachstum, Umsatz und Gewinn fast automatisch. Jedenfalls läßt sich eine so formulierte Unternehmensaufgabe nicht mit größenwahnsinnigen Plänen vereinbaren.

3. *Bedienen Sie sich eines autoritären Führungsstils.* Eine verstärkte Partizipation der Mitarbeiter trägt in gesunden Unternehmen sehr zur Effektivität bei, nicht aber in manisch-depressiven. Solange ein Unternehmen noch unter den Auswirkungen der Störung leidet, müssen Sie nach dem Theorie-X-Modell führen und strikte Anweisungen geben.

„Zurück auf die Schulbank"

Eine Strategie, die schon vielen manisch-depressiven Organisationen geholfen hat, könnte man die „Zurück auf die Schulbank"-Methode nennen. Der Grundgedanke ist einfach: Schulungsmaßnahmen tragen nicht nur dazu bei, daß die Beschäftigten qualifiziertere Arbeit leisten, sondern sie stellen auch die Disziplin wieder her und schaffen neue Rahmenbedingungen für die Erfolgskontrolle. Die Schulungen zwingen die „Schüler", sich auf den eigentlichen Unternehmenszweck zu konzentrieren. Und weil die Schulungsteilnehmer in der Regel auch ihre Leistung steigern und mehr Erfolge verzeichnen können, steigt gleichzeitig auch die Moral.

Militärische Institutionen wenden das „Zurück auf die Schulbank"-Konzept schon lange sehr erfolgreich an. Neulich verlor die Air National Guard aus verschiedenen Gründen mehrere

F-16-Flugzeuge. Das Standardverfahren in einem solchen Fall ist, die Besatzungen wieder auf die Schulbank zu schicken. Der Befehlshaber der Air National Guard ließ das reguläre Training sofort einstellen. Bevor er den normalen Übungsplan wieder aufnahm, setzte er die Grundlagen der Steuerung einer F-16 auf den Stundenplan. Im Film *Twelve O'Clock High* wurde dieselbe Methode illustriert. Gregory Peck übernahm darin das Kommando über ein B-17-Team, dem im Kampf gegen Deutschland schwere Verluste zugefügt wurden. Als erstes ließ er die gesamte Einheit von der Kampfpflicht befreien. Dann schickte er sie zur Grundausbildung im Kampfflug.

Auch zivile Organisationen haben diese Strategie angewandt, um manisch-depressive Zyklen unter Kontrolle zu bekommen. So wurde beispielsweise eine Abteilung einer Universität von Personal- und Budgetproblemen erschüttert. Bei der Beantragung von Finanzmitteln setzte die Abteilung ihre Schwerpunkte abwechselnd auf Forschung, dann wieder auf Lehre. Diese unvereinbaren Prioritäten ließen die Abteilung zwischen Manie und Depression hin- und herschwanken, so daß eines zumindest garantiert war: Die Abteilung leistete in keinem der beiden Bereiche gute Arbeit. Ein neuer Abteilungsleiter schließlich verordnete die richtige Arznei: Er setzte zunächst Basisschulungen für die Bereiche Lehre und Forschung an und sorgte dann dafür, daß die gesamte Abteilung sich auf ein einziges Ziel konzentrierte.

Einem Bereichsleiter in einem Autowerk gelang es mit derselben Methode, eine manische Depression zu heilen. Er führte ein für alle Mitarbeiter obligatorisches Kundendienst-Basistraining ein. Die Teilnehmer lernten, sich nicht mehr mit provisorischen Lösungen zufriedenzugeben, und vergaßen bald die Depressionen, die nach Mißerfolgen immer aufgetreten waren. Statt dessen konzentrierten sie sich auf ihre eigentliche Aufgabe.

Was können Führungskräfte der mittleren Ebene tun?

Bei der Behandlung von manisch-depressiven Organisationen kommt es entscheidend darauf an, die extremen Stimmungsschwankungen unter Kontrolle zu bekommen. Die entsprechenden Techniken – disziplinieren, strukturieren, autoritärer führen – sind dem Wesen nach Domänen der oberen Führungskräfte. Was können Sie aber tun, wenn Sie ein Problem erkennen und nicht der oberen Führungsebene angehören? In diesem Fall müssen Sie den Teufelskreis des manisch-depressiven Verhaltens bei denjenigen Managern durchbrechen, die über genügend Autorität verfügen, um einzugreifen. Sie müssen sie dazu bewegen, sich mit der Realität auseinanderzusetzen, gleichzeitig aber vermeiden, als Kritiker aufzutreten. Die fairste Führungskraft geht in die Verteidigungsposition, wenn Sie ihr klarmachen wollen, daß ihr Verhalten manisch-depressiv ist. Wahrscheinlich wird sie Ihnen gar keine Beachtung schenken – oder mit der Kündigung drohen. Sie stehen also vor einer sehr schwierigen Aufgabe. Doch wenn Sie sie bewältigen, dann helfen Sie Ihrem Unternehmen und tun gleichzeitig etwas für den eigenen guten Ruf. Das folgende Beispiel illustriert, wie auch Führungskräfte der mittleren Ebene eine Behandlung erfolgreich durchführen können.

Ein kleines Unternehmen produzierte Ausrüstungsgegenstände für das Militär. Bisher hatte es sich sehr gut am Markt behauptet, was zu einem großen Teil darauf zurückzuführen war, daß es von der Regierung Aufträge für die Produktentwicklung erhielt. Das Wissen und die Erfahrung, die die Mitarbeiter in der Entwicklungsphase erwarben, kamen ihnen bei der Produktion sehr zugute. Bei der nächsten Ausschreibung konnten sie den Artikel preisgünstiger als die Wettbewerber anbieten. So weit, so gut.

Leider gab es dann eine Serie von Mißerfolgen in der Produktentwicklung. Die Flops führten bald zu den klassischen Stimmungsschwankungen manisch-depressiver Unternehmen. Sobald eine Ausschreibung stattfand, stürzten sich die Mitarbeiter darauf und verfielen in fieberhafte Aktivität. Andere Arbeiten wurde aufgeschoben oder gleich ganz aufgegeben, damit sich alle Kräfte auf das neue Ziel konzentrieren konnten. Überstunden waren in solchen Zeiten eine Selbstverständlichkeit. Wenn das Unternehmen nicht zum Zuge kam oder aber den Zuschlag erhielt, nur um festzustellen, daß die Arbeit weit schwieriger als erwartet war, folgte prompt wieder eine Depression. In den depressiven Zeiten unterliefen der Firma folgenschwere Entwicklungsfehler. Die Arbeiten, die in der manischen Phase vernachlässigt worden waren, mußten nun abgeschlossen werden, was die Depression nur noch weiter vertiefte – bis eine neue Ausschreibung am Horizont erschien. Der Zyklus begann wieder von vorne.

Die Topmanager erkannten die Krankheit nicht. Sie machten eine allgemeine Pechsträhne für alle Probleme verantwortlich. „Wir tun doch alles, was man in unserer Lage nur tun kann", rechtfertigte sich ein Manager, „Forschung und Entwicklung sind noch nie leicht gewesen."

Einem Manager der mittleren Ebene gelang es, die Dinge wieder ins Lot zu bringen. Er führte in seiner Abteilung ein neues Verfahren ein: Von Anfang an standen für alle potentiellen neuen Produkte umfassende Produktentwicklungspläne zur Verfügung. Darin konnten die Mitarbeiter zum ersten Mal die Kosten, den prognostizierten Umsatz und die Erfolgsaussichten aller neuen Projekte vergleichen. Außerdem war es möglich, sie vor dem Hintergrund der laufenden Arbeit zu bewerten.

Diese rigorose Analyse hatte mehrere positive Auswirkungen. Zunächst einmal verstanden die Mitarbeiter die Gründe für die Fehlschläge der Vergangenheit, nachdem sie erfuhren, welche finanziellen und menschlichen Ressourcen eine Produktentwicklung tatsächlich erforderte. Von nun an lag die Priorität bei der laufenden Arbeit und den besonders wichtigen neuen Projekten, die innerhalb einer angemessenen Zeit fertiggestellt werden konnten. Als sich die ersten Erfolge zeigten, stieg auch die Moral wieder.

Aber die Vorteile der Heilung beschränkten sich keineswegs auf diese eine Abteilung. Es ist nicht ungewöhnlich, daß in krisengeschüttelten Unternehmen ein gesunder Bereich großen Eindruck macht: Die besseren Leistungen werden viel stärker beachtet, weil sie anders sind als alles, was sonst für das Unternehmen typisch ist. Im obigen Beispiel übernahmen die anderen Abteilungen nach und nach das neue Verfahren. Schließlich sahen sogar die Topmanager ein, was sie mit ihrem Verhalten angerichtet hatten. Die Stimmungsschwankungen verloren an Heftigkeit und verschwanden schließlich ganz.

Acht Monate später beteiligte sich die Firma an einer wichtigen Ausschreibung einer Regierungsbehörde, die einmal geschworen hatte, nie mehr mit diesem Anbieter zusammenzuarbeiten. Die Firma erhielt nicht nur den Zuschlag, sondern sie war auch bestens dafür gerüstet, den Auftrag durchzuführen. Ihrer neu erworbenen Gesundheit hatte sie es zu verdanken, daß sie bald darauf eines der erfolgreichsten Produkte seit Bestehen entwickelte.

Zusammenfassung

Wenn Sie eine manisch-depressive Organisation behandeln wollen, dann stehen Sie vor einer gewaltigen Aufgabe. Sie müssen die extremen Schwankungen zwischen Manie und Depression in den Griff bekommen. Die Schlüsselwörter dafür heißen Struktur, Disziplin und Kontrolle. Gleichzeitig müssen Sie darauf achten, daß weder die Moral unter den Mitarbeitern noch das Selbstbild des Unternehmens untergraben werden. Diese Gratwanderung macht die Behandlung so schwierig.

Die Behandlungstechniken sollten auf folgenden Grundlagen basieren:

1. strikte Disziplin,
2. Konzentration auf den eigentlichen Unternehmenszweck,
3. ein autoritärer Führungsstil ist für die Dauer der Krankheit besser als ein partizipativer.

Das „Zurück auf die Schulbank"-Konzept bietet in vielen Fällen einen geeigneten Rahmen für diese Behandlungsansätze.

Besonders schwierig gestaltet sich die Behandlung der manisch-depressiven Organisation, wenn Sie nicht der Chef sind. Sie brauchen Entschlossenheit, Erfindungsreichtum und vor allem Feingefühl, um den Entscheidungsträgern zu helfen, sich der Realität zu stellen.

Literatur

[1] Hartley, Robert F. (1981): „Marketing Mistakes", 2. Aufl. (Columbus, Ohio: Grid, 1981), S. 85–92;
Mayer, Lawrence A. (1966/1973): „How Confusion Caught Up With Korvette", *Fortune*, Februar 1966, S. 154; „Korvette Tries for a Little Chic", *Business Week*, 12. Mai 1973, S. 124–125.

[2] Hartley, Robert F. (1966/1981): *Marketing Mistakes*, 2. Aufl. (Columbus, Ohio: Grid Publishing, 1981), S. 181–190; „Toymaker A. C. Gilbert Co. Poor Loser?" *Sales Management*, 1. Mai 1966, S. 27–28.

[3] Leavitt, Theodore (1983): *The Marketing Imagination* (New York: Free Press, 1983), S. 6.

4 *Verwirrung und Chaos* – Schizophrenie

Die Schizophrenie kann nur verstehen, wer auch die Verzweiflung versteht.

R. D. Laing, Das geteilte Selbst

Der englische Begriff *bedlam*, der Chaos bedeutet, war im 18. Jahrhundert der Name einer Londoner Irrenanstalt. Er wäre auch für ein schizophrenes Unternehmen passend. Ähnlichkeiten gibt es mehr als genug: Eine schizophrene Firma wirkt desorganisiert und chaotisch. Nichts, was geschieht, scheint einen Sinn zu ergeben. Wohin man auch sieht, überall stößt man auf unlogische, nicht nachvollziehbare Maßnahmen. In einer schizophrenen Organisation zu arbeiten kann sehr belastend sein.

Manchmal weist das schizophrene Unternehmen ähnliche Symptome wie das manische Unternehmen auf. Die beiden lassen sich trotzdem leicht unterscheiden. Das manische Unternehmen hat zwar den Bezug zur Realität weitgehend verloren, aber zumindest glaubt es zu wissen, in welche Richtung es geht. Die schizophrene Firma dagegen kennt ihre Ziele überhaupt nicht, und was noch schlimmer ist: Sie kümmert sich auch nicht darum. In der Wirtschaftsterminologie ausgedrückt: Das manische Unternehmen jagt einem völlig unrealistischen Geschäftsziel hinterher, besitzt jedoch zumindest eine Vision. Schizophrene Unternehmen dagegen sind gar nicht in der Lage, ihre Aufgaben zu benennen, und wenn, dann wäre ihre Definition ohne Hand und Fuß.

Die Penn Square Bank fing als kleines Institut in einer Einkaufspassage in Oklahoma City an. Die Energiekrise und Deregulierungsmaßnahmen in der Öl- und Gasförderung unter Jimmy Carter begünstigten den Aufstieg der Bank, denn sie vergab Kredite an kleine, unabhängige Öl- und Gasgesellschaften, die sonst keine Finanzierungszusagen für ihre Bohrungen erhielten.

Mit dem Wachstum der Bank kam auch die Schizophrenie. Der Geschäftsführer, William P. „Beep“ Jennings, verkaufte die Darlehen an größere Banken, sobald die Verträge unterzeichnet waren. Er übertrug einem Mann namens William G. Patterson, genannt Affenhirn, die Verantwortung für die Gas- und Ölkredite. Angeblich soll es sehr lustig gewesen sein, mit Patterson Geschäfte zu machen. Wie das Tier, von dem er seinen Spitznamen erhalten hatte, schmiß er manchmal mit Essen um sich. Einmal hockte er auf den Fersen und begann, vor seinen potentiellen Kreditnehmern zu jaulen. „Wenn Sie uns wie Hunde behandeln“, erklärte er, „werden wir uns wie Hunde benehmen.“ Ein anderes Mal schickte er ein „Besucherkomitee“ zum Flughafen, das auswärtige Gäste begrüßen sollte. Als diese aus dem Flugzeug stiegen, wurden sie von einer Gruppe junger, provokativ gekleideter Damen mit der Frage empfangen: „Wie wär’s mit etwas Spaß?“

Pattersons Arbeitsweise war, milde ausgedrückt, ungewöhnlich. Er vergab die Darlehen nicht nur, ohne Sicherheiten zu verlangen, er lieh den Kreditnehmern auch größere Summen als sie überhaupt beantragten. Nach einer Weile gab sich Patterson nicht einmal mehr mit den Kreditanträgen ab, die er als überflüssige Formalität ansah. Ein Antragsteller erhielt sogar eine Kreditzusage, obwohl die Zinszahlungen fünfmal höher als sein Einkommen waren. Ein anderer, der schon mit über einer Mio. Dollar in der Kreide stand, stellte seine Rückzahlungen völlig ein. Die Bank machte sich darüber keine Sorgen, ihre Kreditnehmer hatten schließlich „Charakter“, und es handelte sich um „Charakter“-Kredite.

Es ist nicht klar, ob Jennings über all diese Vorgänge informiert war. Eines Tages aber begannen die Bankrevisoren hellhörig zu werden. Ihre Prüfungen ergaben neben anderen Unregelmäßigkeiten, daß die Kapitaldecke viel zu dünn war und daß eine hohe Anzahl von Problemkrediten existierte. „Beep“ Jennings versprach, alles in Ordnung zu bringen. Mittlerweile erreichte das Darlehensvolumen schon drei Mrd. Dollar bei steigender Tendenz. Jennings gab sämtliche Darlehen an größere Banken weiter. Als die

Ausgaben der Bank ihre Einnahmen überstiegen, verkaufte er Aktienkapital, um weiterarbeiten zu können.

Am 5. Juli 1982 war alles vorbei. Die Penn Square Bank mußte schließen und wurde liquidiert. Die Führungskräfte wurden in einem Gerichtsverfahren zur Verantwortung gezogen, und die Aktionäre verloren ihr Kapital. Die nicht versicherten Sparer erhielten lediglich ein paar Cents pro Dollar zurück. Da Penn Square die Darlehen in riesigem Umfang an andere Banken weitergegeben hatte, verursachte der Konkurs in der gesamten Bankbranche Erschütterungen.

Das schizophrene Unternehmen

Gemeinhin gilt die Schizophrenie als „Persönlichkeitsspaltung". Diese bildhafte Beschreibung geht jedoch am Kern der Krankheit vorbei. Ein Mensch, dessen Persönlichkeit in zwei oder mehr Teile „gespalten" ist, leidet in Wahrheit an einer anderen Krankheit. Suchen Sie also bei einem schizophrenen Unternehmen nicht nach mehreren Persönlichkeiten. Es wird vielmehr dadurch gekennzeichnet, daß ihm die geeignete Struktur fehlt, um die notwendigen Leistungen zu erbringen. Erfolge erzielt es, wenn überhaupt, nur durch Zufall, und stets sind sie nur vorübergehend.

Wer je in einem schizophrenen Unternehmen gearbeitet hat, wird diese Erfahrung nie vergessen. Mit dem Begriff *Chaos* können die Zustände nur ansatzweise beschrieben werden. Selten weiß eine Abteilung, was die andere tut, und noch schlimmer, es interessiert auch niemanden. Sollte das Unternehmen einmal klare Ziele gehabt haben, dann ist davon wenig übriggeblieben. Es mag hyperaktiv sein, aber die Aktivität führt ins Nichts.

Ein Manager beschrieb sein schizophrenes Unternehmen einmal sehr treffend: „Unsere Firma ist wie eine Galeere ohne Trommler. Manche rudern mit voller Kraft, andere mit halber Kraft, wieder andere ohne Kraft. Und der Kapitän steuert nach Gefühl."[1]

Schizophrene Organisationen fressen ihre Mitarbeiter mit Haut und Haaren auf. Die Belastung ist immens. Niemand weiß, was ihn am nächsten Tag erwartet, ob er versetzt oder entlassen wird, einen Nervenzusammenbruch erleidet, in die Frühpensionierung geschickt wird, oder noch Schlimmeres. Wie bei der Penn Square Bank kann die Krankheit so weit außer Kontrolle geraten, daß das unvermeidliche Ende noch weit über das Unternehmen hinaus Wellen schlägt. Die Führungsriege und weitere Mitarbeiter von Penn Square landeten am Schluß sogar vor der Richterbank.

Die meisten Mitglieder solcher Unternehmen erkennen die Gefahren und empfinden den Mangel an Sicherheit als außerordentlich belastend. Viele kündigen bei der erstbesten Gelegenheit. Nicht einmal Außenstehende möchten etwas mit schizophrenen Unternehmen zu tun haben. Sie sehen den großen Knall voraus und möchten nicht mit in die Luft gehen. Deshalb beenden auch Lieferanten und Kunden die Geschäftsbeziehung, sobald es irgend möglich ist.

Vor mehreren Jahren legte eine Verlagsgesellschaft deutliche Anzeichen einer Schizophrenie an den Tag. Die folgenden Beispiele illustrieren den Zustand, in dem sich die Gesellschaft befand:

- Die Kommunikation zwischen den Abteilungen war äußerst mangelhaft. Viele Informationen versickerten, ohne den Empfänger zu erreichen. Ein Autor erhielt beispielsweise von einer namhaften Persönlichkeit eine begeisterte Empfehlung samt der Erlaubnis, diese für Werbezwecke zu verwenden. Einige Monate nach Veröffentlichung des Buches, auf dessen Umschlag die Empfehlung deutlich sichtbar prangte, erhielt der Autor einen Anruf von der Marketingleiterin. Sie hatte gerade diese „tolle Empfehlung“ gesehen und wollte sie gerne für die Verkaufsförderung verwenden. Sie fragte, ob der Autor die Genehmigung der bekannten Persönlichkeit habe. Er wies sie darauf hin, daß er nicht nur über die Genehmigung verfüge, sondern daß das Lob bereits in dicken Lettern auf dem Umschlag abgedruckt worden sei.

- Die Lektoren kooperierten kaum untereinander, und ihre Kompetenzen waren nicht klar verteilt. Oft schloß ein Lektor mit einem Autor einen Vertrag für ein Buch ab, das direkt mit einem anderen Titel des Verlags konkurrierte. Manchmal veröffentlichte der Verlag solche Bücher sogar gleichzeitig. Oder es wurden neue Bücher herausgegeben, die mit alten, sich aber noch gut verkaufenden konkurrierten. Eine Umsatzsteigerung wurde auf diese Weise natürlich nicht erzielt.

- Als die Gewinne sanken, versuchte die Muttergesellschaft, den Verlagsbereich zu verkaufen. Dies war kein Geheimnis, und das Management hielt es für fair, die Mitarbeiter auf dem neuesten Stand der Entwicklung zu halten. Allerdings wurden ungenaue und widersprüchliche Informationen weitergegeben. Die Moral sank in gleichem Maß wie der Umsatz und der Gewinn. Die Mitarbeiter, die sowieso mit ihrer Kündigung rechneten, verließen die Firma in Scharen. Schließlich blieb nur noch ein Lektor übrig. Er erfuhr, daß man ihn nur behalten hatte, weil er das niedrigste Gehalt bezog. Auch er kündigte, sobald er konnte. Die Marketingleiterin erfuhr, daß sie entlassen würde, sobald ein Käufer für den Verlagsbereich gefunden sei. Als sie ebenfalls ging, gab es niemanden, der die hinterlassenen Lücken schloß. Unter diesen Umständen war jedoch kein einziger Interessent bereit zu kaufen.

Die Behandlung der schizophrenen Organisation

Angesichts der Tatsache, daß die Schizophrenie und die Manie ähnliche Symptome aufweisen, wird es Sie wenig überraschen, daß die Grundzüge der Behandlung beider Störungen ebenfalls ähnlich sind: In beiden Fällen müssen Sie das Geschehen in der Firma wieder fest in den Griff bekommen.

Bei der Behandlung schizophrener Organisationen müssen Sie ganz von vorne anfangen: Bekräftigen Sie erneut die Ziele des Unternehmens, und unterstützen Sie diese Ziele mit Ihrer ganzen Energie. Das hört sich nicht schwer an, aber es handelt sich doch um eine große Aufgabe. Deshalb teilen wir sie in diesem Kapitel in einzelne Schritte auf. Zur Behandlung gehört häufig auch eine Umstrukturierung.

Der Behandlungsprozeß umfaßt folgende Schritte:

1. den Geschäftszweck definieren,
2. kurzfristige Ziele vorgeben,
3. den Geschäftszweck unterstützen,
4. sich auf einen Schwerpunkt konzentrieren,
5. das Unternehmen umstrukturieren.

Den Geschäftszweck definieren

Wenn Sie eine schizophrene Firma behandeln, müssen Sie zuerst ihre eigentliche Aufgabe definieren. Der bekannte Unternehmensberater Peter Drucker empfiehlt, jede Unternehmensanalyse mit der folgenden Frage zu beginnen: „Welche Geschäfte betreiben wir?“ Auch wenn Sie die Firma nicht leiten, hat Ihre Abteilung oder Ihr Bereich eine Aufgabenstellung, und diese muß sich in Einklang mit den übergreifenden Zielen des Unternehmens befinden. Fragen Sie sich: „Was versuchen wir hier eigentlich zu erreichen?“ Die Antworten auf diese Frage helfen Ihnen, den Unternehmenszweck zu definieren.

Donald W. Brinckman übernahm eine schizophrene Firma, die Geräte zum Entfetten von Teilen an Autowerkstätten verkaufte. Die Firma fuhr jährliche Verluste von 75 000 Dollar ein. Sie verfolgte kein übergreifendes Ziel, abgesehen davon, das Produkt zu verkaufen. Sie entfaltete ein erhebliches Maß an Aktivitäten und hatte viele Ideen, aber keine Richtung.

Brinckman hätte die Firma wahrscheinlich gar nicht gekauft,

wenn er nicht ihr fantastisches Vertriebsnetz und die Möglichkeiten zu dessen Ausbau entdeckt hätte. Er bot den Eignern 25 000 Dollar an, und sie griffen sofort zu. Dann begann der neue Besitzer unverzüglich mit seiner Behandlung. Zunächst einmal legte er fest, welche Geschäfte die Firma nun betrieb: „Unser neues Ziel hieß, der weltweit größte Verarbeiter von flüssigem Sonderabfall zu werden." 1987 erreichte der Umsatzerlös 333 Mio. Dollar, und Brinckman konnte die größte Ölraffinerie in Nordamerika kaufen.[2]

Kurzfristige Ziele vorgeben

Wenn eine sinnvolle Definition des Unternehmenszwecks vorliegt, können Sie anfangen, die notwendigen kurzfristigen Ziele zu setzen. Damit steht eindeutig fest, was und wann Sie es erreichen möchten.

Nehmen wir an, Sie arbeiten in der Kreditabteilung einer Bank. Eines Ihrer kurzfristigen Ziele könnte lauten, eine Datenbank aufzubauen, die Umfang und Anzahl der Kredite, Kreditnehmer, Risikofaktoren und Schlüsseldaten enthält. Mit dieser simplen Maßnahme hätte die Penn Square Bank eine Katastrophe vermeiden können.

Oder Sie leiten ein kleines Architekturbüro. Der Unternehmenszweck lautet, Wohnhäuser zu entwerfen, die bezahlbar sind und umweltgerecht gebaut werden können. Hier sind folgende kurzfristige Ziele denkbar:

- Sie stellen einen Landschaftsarchitekten ein.
- Sie richten ein weiteres Büro in der nächsten Stadt ein.
- Sie führen eine Umfrage bei den Bauherren durch, um herauszufinden, von welchen Leistungen sie besonders begeistert sind.
- Sie knüpfen Kontakte zu den lokalen Entscheidungsträgern, die für das Bauwesen zuständig sind.

Oder nehmen wir an, daß Sie stellvertretender Leiter einer psychologischen Beratungsstelle sind. Der Zweck des Beratungsdienstes lautet, die geistige und emotionale Gesundheit der Menschen und Familien in Ihrem Bezirk zu verbessern. Um dieses wahrhaft umfassende Ziel zu erreichen, könnten Sie sich etwa die folgenden Zwischenziele setzen:

- Sie erstellen einen demographischen Überblick über Ihren Bezirk, um genaue Daten über die wirtschaftliche Situation der Menschen und die Größe der Familien zu erhalten.
- Sie gewinnen graduierte Psychologiestudenten als freiwillige Berater.
- Sie untersuchen, ob die derzeitige Größe der Einrichtung auch noch in Zukunft ausreichend ist.
- Sie koordinieren die Kinderprogramme Ihrer Einrichtung mit den schon existierenden Beratungsprogrammen an den Schulen.

Die Schwierigkeit liegt in der Regel weniger darin, Ziele festzulegen, als darin, genügend Zeit und Ressourcen zu sichern, um sie zu erreichen. Wahrscheinlich müssen Sie eine Auswahl treffen. Schreiben Sie dazu die Vorteile auf, die Ihnen aus jedem erreichten Ziel erwachsen, und stellen Sie diese den Kosten gegenüber, die Ihnen entstehen, wenn Sie es nicht erreichen. Anhand solcher Listen können Sie entscheiden, welche Ziele die größten Vorteile und die geringsten Kosten verursachen. Dann entscheiden Sie sich für diejenigen, die Sie voraussichtlich erreichen können.

Den Geschäftszweck unterstützen

Das Durcheinander, das in schizophrenen Organisationen herrscht, treibt mitunter seltsame Blüten. Zu den merkwürdigsten Auswirkungen gehört wohl, daß die Mitarbeiter sich mit Dingen beschäftigen, die wenig mit dem eigentlichen Unternehmenszweck zu tun haben. Untergeordnete Projekte oder Programme können beträchtliche Ressourcen verschlingen, auch wenn sie gar nichts mit dem Unternehmensziel zu tun haben und es vielleicht sogar sabotieren.

Wir haben eine Forschungs- und Entwicklungsabteilung kennengelernt, die sich vollkommen für die Belange der Produktion engagierte. Eine andere Firma, die gepanzerte Fahrzeuge verkaufte, stürzte sich plötzlich auf die Produktion von Whirlpools. Und ein Unternehmensberater fand nichts dabei, seinen Kunden auch Seife zu verkaufen.

Eine derartige Schizophrenie ist keineswegs auf kleine Unternehmen beschränkt. McDonnell-Douglas, einer der führenden Flugzeughersteller für die Regierung, entwickelte einmal mit erheblichem Aufwand ein Produkt, das nichts mit der Luftfahrttechnik zu tun hatte. Das Ergebnis: Millionenverluste.

Wenn Sie sich genügend Zeit nehmen, um den Geschäftszweck klar zu definieren und dann spezifische Ziele zu setzen, fallen Ihnen diejenigen Aktivitäten, die nicht ins allgemeine Bild passen, sofort auf, und Sie können etwas unternehmen. Das ist der Kernpunkt dieser Behandlung: Stellen Sie sicher, daß alles, was in der Organisation geschieht, in Einklang mit dem übergreifenden Ziel steht.

David Rotenberg, ein Juwelier aus Langhorne, Pennsylvania, eröffnete in einer wohlhabenden Gegend eine neue Filiale. Sein Ziel hieß, anspruchsvollen Kunden exquisite Stücke in eleganter Atmosphäre anzubieten. Also engagierte er einen bekannten Architekten, der einen repräsentativen Verkaufsraum mit teurer Ausstattung entwarf. Dann setzte er Anzeigen in die Zeitung, in denen er mit Preisnachlässen warb. Als die Kunden sich darauf keinen Reim machen konnten und der Umsatz stagnierte, bemerkte er seinen Fehler schnell: Die Werbung stand nicht in Einklang mit seinem übergreifenden Ziel. Er wechselte die Taktik und machte das Bild wieder stimmig.

Im Rückblick hatte Rotenberg aus seiner Erfahrung folgendes gelernt: „Entscheiden Sie sich, was Sie sein wollen, und dann seien

Sie es."[3] Besser könnte man diese Behandlungsmethode kaum auf den Punkt bringen. Es gibt genügend Dinge, die Sie ohnehin nicht beeinflussen können, und dann ist es besser, gar nicht erst Zeit dafür aufzuwenden. Aber im Rahmen Ihrer Möglichkeiten sollten Sie alles tun, um den Unternehmenszweck zu unterstützen und bei Widersprüchen sofort die Initiative ergreifen.

Konzentrieren Sie sich auf einen Schwerpunkt

In schizophrenen Organisationen ist das Chaos allgegenwärtig. Die Manager fühlen sich oft überfordert. Sie jonglieren mit zu vielen Bällen und laufen ständig Gefahr, sie alle gleichzeitig zu verlieren. Die Lösung heißt, einen Schwerpunkt zu finden: Wählen Sie die wirklich wichtigen Ziele aus, und konzentrieren Sie Ihre Energie dann darauf, diese zu erreichen. Machen Sie sich klar, daß nicht jeder einzelne Schritt, den Sie oder Ihre Kollegen machen, erfolgreich sein kann. Akzeptieren Sie, daß es Dinge gibt, die Sie einfach nicht beeinflussen können. Hören Sie auf, das Unkontrollierbare zu kontrollieren. Wenn deutlich wird, daß ein Projekt nur noch Verluste einbringt, dann stellen Sie es eben ein.

Wir kennen einen Personalmanager, der jedes Jahr eine renommierte Universität besucht, um Gespräche mit möglichen Stellenbewerbern zu führen. Im Lauf der Jahre hat er mehrere hundert Gespräche geführt, aber sein Unternehmen hat keinen einzigen Absolventen eingestellt. Die geforderten Gehälter übersteigen den Rahmen des Personalbudgets nämlich erheblich. Der Personalmanager arbeitet also auf ein Ziel hin, das er beim besten Willen nicht erfüllen kann. Er hat keinen Einfluß auf die Gehaltsangebote, so daß es wohl das beste für alle Beteiligten wäre, wenn er seine Gespräche an der Universität einfach einstellen würde.

Statt Zeit für Dinge zu investieren, die Sie ohnehin nicht beeinflussen können, sollten Sie sich auf das Entscheidende konzentrieren – den Schwerpunkt. Diesen Gedanken haben wir von Karl von Clausewitz entliehen, einem Militärstrategen des 19. Jahrhunderts.

Bei der Analyse der napoleonischen Kriege stellte Clausewitz fest, daß es bei jeder Schlacht einen Schwerpunkt gab, eine entscheidende Stelle, an der die Weichen für die endgültige Entscheidung über Sieg oder Niederlage gestellt wurden. Ein solcher Sieg garantierte auch jeden weiteren Sieg in der Schlacht. Deshalb empfahl Clausewitz, die verfügbaren Ressourcen auf diesen Schwerpunkt zu konzentrieren. Wenn man aufhört, Dinge beeinflussen zu wollen, die sich nicht beeinflussen lassen, kann man alle Ressourcen auf das wirklich Wichtige konzentrieren.

Der bekannte Mattel-Konzern verbuchte 1983 einen erschütternden Verlust von 391 Mio. Dollar, weil die Nachfrage nach Videospielen in den Keller fiel und die Intellivision-Investition sich als Flop erwiesen hatte. Mattel reagierte mit Panik. Einem Marktbeobachter zufolge begann das Unternehmen dann, neue Produkte an die Einzelhändler zu liefern, ohne sie vorher ausreichend getestet zu haben. Bald wurde auch das Kundenfeedback nicht mehr beachtet. Da die Wettbewerber nicht schliefen, bemerkten sie schnell, daß der Konzern der Marktentwicklung immer hinterherhinkte. Die Verluste stiegen in schwindelerregende Höhen: 8,3 Mio. Dollar im Jahr 1986, 113 Mio. in 1987. Die Einzelhändler verloren das Vertrauen in Mattel, manche sagten sogar den bevorstehenden Untergang des Konzerns voraus.[4]

Dann übernahm John Ameran das Ruder bei Mattel. Im ersten Jahr reduzierte er die Zahl der Beschäftigten um 22 Prozent, dünnte die Managementebenen aus und schloß weltweit mehr als die Hälfte der Produktionsstätten. Er reduzierte die Anzahl der angebotenen Produkte um die Hälfte und konzentrierte seine Bemühungen. Er meinte später, eine bessere Entscheidung hätte er nicht treffen können. Der Umsatz mit Hot Wheels schnellte um 40 Mio. Dollar in die Höhe, was eine Steigerung um 75 Prozent gegenüber dem Vorjahr bedeutete. Auch der Umsatz von Barbiepuppen stieg um 30 Prozent auf 45 Mio. Dollar. Die Gewinnkurve zeigte steil nach oben. *California Business* meinte, daß Ameran „die dramatischste Wende in der Geschichte der Spielzeugbranche“ vollzogen habe.[5]

Der Schwerpunkt kann in einer zentralen Produktlinie liegen, so wie es bei Mattel der Fall war. Er kann aber auch eine Schwachstelle sein, die das Unternehmen zu Fall bringt, wenn sie nicht behoben wird. Das folgende Beispiel eines relativ kleinen produzierenden Unternehmens illustriert einen solchen Fall.

Die Rogers Corporation, gegründet in Connecticut, stellt hochinnovative elektronische Bauteile und Automobilbauteile her. Vor einigen Jahren wurde die Produktion nach Mexiko verlegt, weil die Personalkosten dort niedriger sind. Leider erkrankte das Werk in Mexiko bald an Schizophrenie. Der Ausschußanteil lag bei 25 Prozent, und nur etwa 35 bis 40 Prozent der Lieferungen erfolgten pünktlich.

Daniel Nurillo war in dieser Zeit Betriebsleiter einer Anlage von Rogers Corporation in Mexiko. Er erinnert sich: „Obwohl die Supervisoren für das Training der Mitarbeiter verantwortlich waren, um Qualität und Pünktlichkeit zu verbessern, hatten sie keine Zeit, sich dem Training zu widmen – also litten Qualität und Pünktlichkeit. Es war ein Teufelskreis." Der Druck, der auf den Beschäftigten lastete, war so enorm, daß die Fluktuation bei 20 Prozent lag, was natürlich auch nicht zur Qualitätsverbesserung beitrug.

Roger „heilte" diese Krankheit, indem er sich auf einen Schwerpunkt konzentrierte. Statt zu versuchen, mit einem Schlag alles in den Griff zu bekommen, was außer Kontrolle geraten war, konzentrierte er sich auf einige wenige, aber entscheidende Ziele, wie etwa die Ausbildung. In nur drei Jahren hatte sich das Blatt völlig gewendet. Heute verlassen nur noch Produkte allerhöchster Qualität das Werk. Der Ausschuß wird nicht mehr in Prozent berechnet, sondern man zählt die defekten Teile pro Mio. 96 Prozent aller Aufträge werden pünktlich ausgeliefert. Die Produktivität ist um 67 Prozent gestiegen und die Fluktuation um die Hälfte zurückgegangen, bei weiter sinkender Tendenz.[6]

Umstrukturierungen

Ein Unternehmen, das an Schizophrenie leidet, müssen Sie fast immer umstrukturieren. Der Grund dafür ist einfach: In der Regel war die alte Struktur ein Teil des Problems.

Zebra Technologies stellt Strichcodedrucker und entsprechende Zubehörartikel her. Die Produkte werden in den Vereinigten Staaten entwickelt, aber überwiegend in Japan hergestellt. Ursprünglich war diese Struktur sinnvoll. Aber dann zeigten sich in der japanischen Niederlassung Anzeichen für eine Schizophrenie. Die Kompetenzen waren nicht klar verteilt, und die Kommunikation funktionierte nicht. Diese Probleme führten zu erheblichen Qualitätsmängeln.

Zebra sah die Lösung in einer Umstrukturierung. Die Produktion sollte wieder in die Vereinigten Staaten verlegt werden. Fünf Jahre später konnte Manager Gerhard Cless verkünden, daß fast 100 Prozent der Geräte mängelfrei waren. 1991 hatte Zebra bei einem Umsatz von 45,6 Mio. Dollar weniger als 50 000 Dollar für Garantieansprüche ausgegeben. All dies war direkt auf die Umstrukturierung zurückzuführen. Stewart A. Shiman, einer der verantwortlichen Manager, erklärte: „Als unsere Produkte noch überwiegend in Japan hergestellt wurden, war es schwierig, um die halbe Welt zu kommunizieren und Probleme aus der Ferne anzupacken."

Die Bemühungen des Unternehmens hatten sich ausgezahlt. Mit einer einzigen Umstrukturierungsmaßnahme war es Zebra Technologies gelungen, die Herstellungskosten zu senken, die Qualität zu verbessern und eine größere Flexibilität zu gewinnen, um auf die Kundenbedürfnisse zu reagieren.[7]

Zusammenfassung

Die Ursache der Schizophrenie ist eine mangelhafte oder gar fehlende Organisation, die ins Chaos führt. Wer die Störung behandeln will, muß die Kontrolle über die Organisation und ihre Marschroute wiedergewinnen. Dazu bieten sich folgende Maßnahmen an:

1. den Geschäftszweck definieren,
2. kurzfristige Ziele vorgeben,
3. dafür sorgen, daß alle Maßnahmen in Einklang mit dem Geschäftszweck stehen,
4. sich auf einen Schwerpunkt konzentrieren, statt das Unabänderliche kontrollieren zu wollen,
5. das Unternehmen umstrukturieren.

Literatur

[1] Hay, Peter (1988): *The Book of Business Anecdotes* (New York: Facts on File, 1988), S. 143.

[2] „On the Path to Opportunity", *Success*, Juni 1992, S. 16.

[3] Schupak, Hedda T. (1990): „Marketing Clinic: Avoid 'Schizophrenic' Marketing", *Jewelers Circular Keystone*, Dezember 1990, S. 71.

[4] Mandese, Joe (1990): „Playing Favorites", *Marketing and Media Decisions*, März 1990, S. 75–79.

[5] Lindstrom, Robert (1989): „Toy Town Turnaround", *California Business*, Dezember 1989, S. 30–40.

[6] Miller, William H. (1992): „Textbook Turnaround", *Industry Week*, 20. April 1992. S. 11–12.

[7] Moskal, Brian S. (1992): „The Return of a Native", *Industry Week*, 6. Juli 1992, S. 11–12.

5 *Sie sind hinter uns her!* – Paranoia

Das Mißtrauen beschwört finstere Teufel herauf.
Japanisches Sprichwort
Paranoide Menschen haben nicht nur Feinde, sie schaffen sich ihre Feinde auch.
William A. Cohen

Ein Unternehmen, in dem man prinzipiell jedem mißtraut und böse Absichten unterstellt, ist paranoid. Wenn überhaupt, dann bringen die Manager nur einer Handvoll Auserwählter ihr Vertrauen entgegen. Sie sind nämlich überzeugt, daß Mitarbeiter wie Außenstehende nur darauf aus seien, ihr eigenes Süppchen zu kochen und dem Unternehmen Schaden zuzufügen. Unter solchen Bedingungen breitet sich bald Angst unter den Beschäftigten aus. Das Klima wird kalt und feindselig. Dem Unternehmen selbst ist es wichtiger, den Status quo zu wahren, als sich neue Ziele zu setzen, kalkulierbare Risiken einzugehen und Erfolge anzustreben. Es liegt auf der Hand, daß dies in einer Wettbewerbswirtschaft zur Katastrophe führen kann.

Benson Engineering war auf internationaler Ebene im Autobahnbau tätig. Im Lauf der Zeit baute die Firma zahlreiche Kontakte zu einflußreichen Geschäftsleuten im Ausland auf, so daß alleine durch Referenzen viele Neukunden gewonnen wurden. Dann kündigte ein Topmanager, um eine Konkurrenzfirma zu gründen, und warb dabei seinem früheren Arbeitgeber einige Kunden ab. Fast über Nacht wurde Benson Engineering paranoid. Sämtliche Kontakte mit dem ausländischen Personal waren von nun an strengen Kontrollen unterworfen, nur das Topmanagement wurde davon ausgenommen. Die Manager im Ausland wurden dazu angehalten, jeden Kontakt mit Einheimischen zu meiden. Wenn das nicht möglich war, mußten sie vorher die Genehmigung von der Zentrale in den Vereinigten Staaten einholen. Sie durften nicht einmal mehr eine Cocktailparty besuchen, ohne um Erlaubnis zu bitten. Dafür wurde wöchentlich ein detailliertes Protokoll verlangt, in dem alle Einzelheiten der Begegnungen festgehalten wurden. Wer sich diesen Bestimmungen widersetzte, mußte mit der Kündigung rechnen.

In einer Hinsicht trug die Paranoia zweifellos Früchte: Kein einziger weiterer Kunde wurde abgeworben. Aber die Mitarbeiter bei Benson Engineering fühlten sich so eingeschränkt und demoralisiert, daß ihre Leistungen darunter litten. Die Kosten explodierten, Terminüberziehungen und Leistungsmängel waren bald an der Tagesordnung, und die Rentabilität der Projekte sank. Bezeichnenderweise gewann Benson Engineering immer weniger Neukunden durch Empfehlungen hinzu und schließlich gar keine mehr. Dann kaufte ein Wettbewerber das dahinsiechende Unternehmen, das zu diesem Zeitpunkt kaum noch funktionierte.

Ein Blick auf eine paranoide Organisation ergibt folgendes:

- Mißtrauen gegenüber Mitarbeitern und Außenstehenden,
- prinzipieller Argwohn gegenüber den Absichten Außenstehender,
- ausgeprägtes Sicherheitsbedürfnis.

Paranoia bei General Motors

General Motors war jahrelang der größte Konzern der Welt. Er schlug die Rivalen in den Vereinigten Staaten regelmäßig in fast jeder Hinsicht. Über weite Strecken hielt er einen Anteil von über 50 Prozent am Automarkt, doppelt so viel wie Ford und vier mal so viel wie Chrysler. General Motors wurde in den berühmten Cartoons von Al Capp der Inbegriff eines Erfolgskonzerns. Als Capp einer seiner Figuren, General Bullmoose, die Worte in den Mund legte: „Was gut für General Bullmoose ist, ist auch gut für die USA", wußte jeder, wen er damit meinte.

Dann, in den sechziger Jahren, begann sich das Blatt zu wenden. Für GMs legendären Chef Alfred E. Sloan waren eine zentralisierte Strategiefindung und dezentrale Kontrollen die tragenden Säulen des Konzerns gewesen. Sloans Nachfolger kehrten dieses Prinzip jedoch um. Die Manager an der Konzernspitze entwickelten keine strategischen Visionen mehr, sondern richteten ihr Augenmerk vielmehr darauf, die einzelnen Geschäftsbereiche von GM zentral zu überwachen und zu kontrollieren.

Was war der Grund für diesen Umschwung? Paranoia! Damals fingen die Amerikaner an, sich für die ausländischen Kleinwagen zu begeistern, und die Spartenleiter von General Motors wollten schleunigst eigene Modelle entwickeln, um die Nachfrage befriedigen zu können. Nun hatten aber die Konzernführer ganz andere Vorstellungen, wie man dieser neuen Herausforderung begegnen sollte, und die Vorschläge der Spartenleiter wurden als Revolte angesehen.

In dieser unangenehmen Atmosphäre begann sich eine ausgeprägte Paranoia zu entwickeln. Die Führungskräfte in der Zentrale kamen zur Überzeugung, daß die Spartenleiter den Konzern demontieren wollten. Da gab es keine andere Möglichkeit als die Zügel zu straffen. Je mehr die Spartenleiter für ihre Ideen kämpften, desto entschlossener war die paranoide Firma, sie fest unter ihrer Kontrolle zu halten.

Die Krankheit breitete sich bald im ganzen Konzern aus und führte zu einer exzessiven Rivalität zwischen den Sparten. Auch zwischen den Funktionsbereichen herrschte bald tiefes Mißtrauen. Die Finanzabteilung und das Rechnungswesen kämpften gegen die Entwicklungs- und Marketingabteilung, und umgekehrt. Die Folgen ließen nicht lange auf sich warten und schlugen sich in der Produktqualität nieder. Zwischen 1978 und 1982 ließ GM 70 Prozent der hergestellten Wagen zurückrufen. Die Quote bei Chrysler und Ford lag im gleichen Zeitraum bei weniger als 50 Prozent.[1]

Die Heimtücke der Paranoia

Ein Unternehmen kann mit einer schwach entwickelten Paranoia lange Zeit leben. Eine ernste Krise wird zwar stets gerade noch verhindert, aber gleichzeitig bleibt es auch weit hinter seinem eigentlichen Leistungsvermögen zurück. Selbst wenn es gerade noch rentabel arbeitet, weist es langfristig eine schwache Leistung auf. Irgendwann wird das abnormale Verhalten als ganz normal betrachtet. Ein paranoides Unternehmen glaubt ernsthaft, daß es sich vernünftig verhält und rational auf neue Gegebenheiten einstellt. Die Mitarbeiter, die Veränderungen herbeiführen möchten, müssen jedoch feststellen, daß ihre Urteilsfähigkeit bezweifelt wird; schlimmer noch, sie machen sich vielleicht sogar selbst verdächtig.

Die Paranoia kann so weit fortschreiten, daß schließlich jeder verdächtigt wird, geheime Pläne zu verfolgen. Fast alle Informationen werden als streng vertraulich eingestuft, damit sie nicht weitergegeben werden. Es liegt auf der Hand, daß dies der Kooperation und dem Engagement der Mitarbeiter nicht gerade förderlich ist. Wenn Informationen wie Staatsgeheimnisse behandelt werden, können die Beschäftigten beim besten Willen kein gemeinsames Unternehmensziel mehr verfolgen. Sie verlieren jeden Anreiz, an gemeinsamen Projekten zu arbeiten. Jederzeit kann es zur Katastrophe kommen, denn die Mitarbeiter tun nur noch das, was man ihnen sagt, auch wenn sie wissen, daß das Ergebnis verheerend sein kann. Bezeichnenderweise werden manchmal durch diese „Top Secret"-Atmosphäre ernste Sicherheitslecks erst *geschaffen*. Denn wenn den Mitarbeitern lange genug eingetrichtert wurde, kein Wort zuviel preiszugeben, können sie bald nicht mehr zwischen harmlosen Informationen und echten Betriebsgeheimnissen unterscheiden. Pannen sind dann unvermeidlich.

Die Auswirkungen der Paranoia auf die Rentabilität sind erschreckend. Innovationen werden absichtlich abgeblockt. Die Produktivität sinkt, weil die überflüssigen Sicherheitsverfahren zu viel Energie verschlucken. In dieser erstickenden Atmosphäre voller Mißtrauen dauert es nicht lange, bis die besten Mitarbeiter das Weite suchen. Manchmal kämpfen sie auch für Veränderungen und werden zum Dank entlassen, weil sie zuviel Ärger machen.

Einige Beispiele aus der Praxis:

Robert Oppenheimer, unter dessen Leitung die Atombombe im zweiten Weltkrieg entwickelt wurde, verlor seine Sicherheitsbescheinigung. Der Grund dafür wurde nie bekannt. Er durfte jahrelang nicht mehr an Regierungsprojekten arbeiten, und, was vielleicht noch folgenreicher war, die Vereinigten Staaten mußten auf seine Dienste verzichten.

Ein talentierter Ingenieur wurde entlassen, weil er einem Kollegen Auskunft über die Höhe seines Gehalts gegeben hatte. Wie viele paranoide Organisationen hegte auch sein Arbeitgeber die unbegründete Angst, daß die Mitarbeiter sich insgeheim verbünden und absprechen würden. Der Ingenieur wurde prompt von einem Wettbewerber eingestellt, und mit den Produkten, die er dort entwickelte, wurden seiner alten Firma erhebliche Marktanteile abgenommen.

In einem High-Tech-Unternehmen wurden sämtliche Informationen über Neuentwicklungen so geheim gehalten, daß zwei Divisionen Tausende Dollar ausgaben, um identische Produkte zu entwickeln.

Es gibt vermutlich mehr paranoide Unternehmen als gemeinhin angenommen wird. Kathleen Ryan und Daniel Oestreich befragten Mitarbeiter in zweiundzwanzig US-amerikanischen Unternehmen. 70 Prozent gaben an, ihre Meinung am Arbeitsplatz nicht offen zu äußern, weil sie Konsequenzen befürchten mußten. Ryan meint: „Wenn die Mitarbeiter reine Befehlsempfänger sein sollen, ist es natürlich zweckmäßig, ihnen Angst einzujagen. Aber wenn der Erfolg eines Unternehmens davon abhängt, daß sie eigenständig arbeiten und neue Ideen entwickeln, ist das kontraproduktiv.“[2]

Ein Experiment

In unseren Seminaren führen wir manchmal ein Managementspiel durch, das den Teilnehmern vor Augen führt, wie destruktiv die Paranoia sein kann. Von dieser Absicht erfahren sie jedoch erst am Ende des Spiels.

Das Spiel beginnt damit, daß die einzelnen Teams die Aufgabe erhalten, fünf Minuten lang ein „Bauwerk" aus Kinderbausteinen zu betrachten. Jedes Team erhält dann einen Sack mit Klötzchen, um es aus dem Gedächtnis nachzubauen. Das Team, das zuerst fertig wird, hat gewonnen.

Bevor es losgeht, erhalten alle Teilnehmer noch einen versiegelten Umschlag mit einem Papierstreifen, den sie sich ansehen und dann ohne Kommentar zurückgeben sollen. Dazu erklären wir, daß jeweils ein Mitglied der Teams einen mit einem X versehenen Streifen bekommt. Dieses ist der Spion. Kein anderer als er selbst kennt seine Identität.

Die Aufgabe des Spions besteht darin, den Sieg des jeweiligen Teams zu verhindern, indem er Verwirrung stiftet, falsche Vorschläge macht und sich unbeholfen anstellt, natürlich möglichst unauffällig. Wenn er der Spionage beschuldigt wird, kann er entweder leugnen oder gar nichts erwidern. Erst wenn alle Teammitglieder einstimmig der Meinung sind, daß er der Spion sei, können sie ihn aus dem Team werfen.

In fast allen Fällen werden die vermeintlichen Spione „geschnappt". Nach dem Spiel erfahren die Teilnehmer die Wahrheit: Kein einziger Papierstreifen war mit einem X versehen gewesen. Alle „Spione" waren also unschuldig. Die Paranoia hatte nicht nur Mißtrauen und Angst hervorgerufen, sondern auch dazu geführt, daß das Team ein möglicherweise sehr produktives Mitglied verlor.

Die Behandlung des paranoiden Unternehmens

Die Behandlung der Paranoia erfordert, daß das Unternehmen seine Krankheit erkennt und ablehnt, sowohl emotional wie verstandesmäßig. Die folgenden Behandlungsmethoden haben sich als sehr effektiv erwiesen:

1. Vertrauen aufbauen,
2. das Prinzip der Gegenseitigkeit anwenden,
3. die Konfrontation mit der Realität herbeiführen,
4. eine neue Richtung geben.

Vertrauen aufbauen

Da das wichtigste Symptom einer Unternehmensparanoia das übersteigerte Mißtrauen ist, muß die Behandlung darauf abzielen, das Vertrauen unter den Unternehmensangehörigen wieder aufzubauen. Am besten ist das außerhalb des Betriebes möglich, denn dann fällt es leichter, neue Verhaltensweisen auszuprobieren, um gesündere Beziehungen zu knüpfen.

Wenn Sie mit genügend Kompetenzen ausgestattet sind, können Sie Aktivitäten organisieren, die sämtliche Unternehmensmitglieder einbeziehen. Sie können beispielsweise einen Betriebsausflug ansetzen oder eine Fußballmannschaft gründen. Reichen Ihre Befugnisse nicht so weit, müssen Sie bei einzelnen Mitarbeitern ansetzen. Die Methode funktioniert trotzdem: Es gibt genügend Gelegenheiten, um einzelne Unternehmensmitglieder abseits vom Arbeitsplatz kennenzulernen, etwa bei einem gemeinsamen Mittagessen. Setzen Sie sich für solche Verabredungen kein festes Programm. Ihre Absicht ist schließlich die, Vertrauen aufzubauen, indem man einander näher kennenlernt. Eine weitere Möglichkeit besteht darin, Kontakte mit den Familien von Mitarbeitern zu knüpfen. Versuchen Sie auch hier nicht, die Treffen als Forum zur Verbreitung Ihrer Ideen zu nutzen. Lernen Sie Ihr Gegenüber einfach kennen und sorgen Sie dafür, daß man auch Sie kennenlernt.

Das Prinzip der Gegenseitigkeit

Professor Robert B. Cialdini von der Arizona State University prägte den Begriff *Prinzip der Gegenseitigkeit* für ein ungewöhnliches Phänomen: In unserer Gesellschaft ist jeder bestrebt, sich für einen ihm erwiesenen Gefallen zu revanchieren, weil er sich sonst äußerst unbehaglich fühlen würde. Wenn Sie auf einem Flughafen schon einmal die Blumen austeilenden Hare Krishna-Anhänger beobachtet haben, wissen Sie, wie das funktioniert. Ein Hare Krishna nähert sich einem ahnungslosen potentiellen Spender und steckt ihm eine Blume ans Jacket. Wenn der Beschenkte die Blume zurückgeben will, erfährt er: „Das ist ein Geschenk von uns, aber wenn Sie uns helfen möchten, geben Sie uns eine kleine Spende.“ Diese simple Taktik ist immerhin in über der Hälfte der Fälle erfolgreich.[3]

Das Prinzip der Gegenseitigkeit eignet sich sehr gut dazu, eine Unternehmensparanoia zu behandeln. Das folgende Beispiel zeigt, wie eine kluge Managerin dabei vorging.

1975 gründete ein Unternehmerteam Supercuts, Inc. Die Idee war revolutionär: An die Stelle der traditionellen Friseurgeschäfte, getrennt nach Damen und Herren, sollten neue Friseursalons für beide Geschlechter treten, in denen man zu niedrigen Preisen und ohne die lästige Voranmeldung bedient wurde. Gleichzeitig sollte Qualität oberste Richtschnur sein. Jeder neue Franchisenehmer von Supercuts mußte ein obligatorisches fünftägiges Training absolvieren. Supercuts nahm einen vielversprechenden Anfang, und die Umsatz- und Gewinnkurven zeigten steil nach oben.

Leider legte das Unternehmen in dieser Expansionsphase einen deutlichen Hang zur Paranoia an den Tag. Wenn die Franchisepartner Verbesserungsvorschläge machten, wurde ihnen sofort unterstellt, daß sie nur versuchten, die Rentabilität ihres Salons auf Kosten des Unternehmens zu steigern. Als sie einsahen, daß ihre Ideen grundsätzlich abgeschmettert wurden, gründeten die Ladeninhaber eine Vereinigung, um ihre Interessen durchzusetzen. Auch davon war das Unternehmen wenig begeistert. Bald war es auf allen Ebenen paranoid. Es kam zu weiteren Auseinandersetzungen, die in einer Gemeinschaftsklage der Franchisenehmer gipfelten.

1987 befand sich Supercuts in ernsten Schwierigkeiten. Der Umsatz war gesunken, die Moral in den Keller gefallen und die Produktivität miserabel. Es herrschte eine feindselige Atmosphäre. Einige Franchisenehmer sahen schon den Untergang von Supercuts, Inc., nahen.

Die Wende kam mit einer Spezialistin namens Betsy Burton. Nach ihrem MBA-Examen an der University of Chicago hatte sie mehrere Spitzenpositionen in Unternehmen der Schönheitsbranche innegehabt, als Knights-Bridge Partners, Inc., eine Investmentgesellschaft mit Sitz in Chicago, den Patienten Supercuts, Inc., kaufte und Burton an die Spitze setzte.

Burton rief die Franchisenehmer an einen Tisch, noch bevor der Kaufvertrag für Supercuts unter Dach und Fach war. Sie bewies, wie schnell sich eine Paranoia mit der richtigen Medizin heilen läßt, und konnte die Franchisenehmer sogar dazu bewegen, ihre Klage sofort zurückzunehmen. Welcher Zauber war da im Spiel? Das Prinzip der Gegenseitigkeit.

Die Franchisenehmer wollten gerne einen Supercuts-Rat einsetzen, der sich aus gewählten Vertretern der Franchisenehmer sowie aus Führungskräften des Unternehmens zusammensetzte. Er sollte monatlich zusammentreten, um anstehende Probleme zu diskutieren. Burton gab gleich beim ersten Treffen ihre Zustimmung zu diesem Plan. Nicht nur das, sie bestand auch darauf, daß die Zusammenkünfte am Firmensitz stattfinden sollten und die Kosten von Intercuts getragen wurden. Die Franchisenehmer wollten sich nun bei Burton dafür revanchieren, daß sie ihren Vorschlag sofort angenommen hatte, obwohl nicht einmal die erforderlichen Finanzmittel eingeplant gewesen waren. Sie fühlten sich unwohl bei dem Gedanken, daß sie nichts für sie getan hatten. Also zogen sie die Klage zurück. So funktioniert das Prinzip der Gegenseitigkeit.

Durch diese einfache Maßnahme zur Behandlung der Paranoia gewann Burton Zeit, um weitere Veränderungen vorzunehmen, die ein langfristiges Wachstum anstoßen würden. Innerhalb kurzer Zeit war die Paranoia bei Supercuts verschwunden. Nach nur 16 Monaten waren die Gewinne schon um zehn Prozent gestiegen. In einem Zeitraum von drei Jahren verzeichneten die Franchisenehmer Umsatzsteigerungen in zweistelliger Höhe, nämlich von 126 auf über 170 Mio. Dollar. Supercuts gewann über hundert neue Franchisepartner. Stellvertretend für viele andere sagte ein Franchisenehmer: „Meine Salons melden Rekordumsätze und Rekordgewinne. Aber mindestens ebenso wichtig ist es, daß wir alle wieder ein ungetrübtes Verhältnis zum Unternehmen haben. Es ist schön, mit einer Organisation zusammenzuarbeiten, mit der es wieder aufwärts geht."[4]

Sie brauchen nicht zur Unternehmensspitze zu gehören, um das Prinzip der Gegenseitigkeit anzuwenden. Sie können von jeder Stufe im Unternehmen aus tätig werden. Wichtig ist eine gute Vorbereitung, damit Sie aktiv werden können, sobald sich die richtige Chance bietet.

Ihr erster Schritt besteht darin, sich mit einer Aufgabe zu befassen, die eigentlich nicht zu Ihren Pflichten gehört. Sie könnten in einer Sonderprojektgruppe mitarbeiten und deren Führung übernehmen, wenn der Leiter sich als ineffektiv erweist. Oder Sie melden sich freiwillig, um für Ihre Vorgesetzte einen Vortrag zu halten, wenn Sie wissen, daß ihr diese Aufgabe lästig ist. Vielleicht finden Sie auch eine Methode, um Licht in das Dunkel der verwirrenden Codes im Electronic-Mail-System Ihrer Firma zu bringen. Wofür auch immer Sie sich entscheiden, wichtig ist nur, daß Sie hervorragende Arbeit leisten.

Ihre Vorgesetzte wird Sie höchstwahrscheinlich für Ihren Einsatz loben. Vielleicht sagt sie sogar: „Lassen Sie es mich wissen, wenn ich etwas für Sie tun kann." Aber auch dann, wenn sie einfach nur ihre Anerkennung äußert, können Sie sofort zu Phase zwei der Behandlung überleiten.

Fragen Sie, ob Sie ein weiteres Projekt übernehmen können, und zwar sollte es sich um eine Aufgabe handeln, die eine leichte Überschreitung eines ungeschriebenen Gesetzes erfordert. Das Projekt sollte Sie aufrichtig interessieren und – das ist der Kernpunkt – dem Unternehmen einen echten Nutzen bringen. Schon während Sie die Frage stellen, sollten Sie eine Vorstellung von dem Projekt haben. Aus diesem Grund ist die sorgfältige Vorbereitung der Behandlung so wichtig.

Normalerweise würde eine Managerin in einem paranoiden Unternehmen Ihnen niemals erlauben, etwas zu tun, was die Verletzung einer Regel bedeutet. Dazu wäre ihr Mißtrauen viel zu tief verwurzelt. Andererseits fühlt sie sich jetzt in Ihrer Pflicht, so daß Sie gute Chancen für eine Zustimmung haben. Wieder erledigen Sie ihre Sache hervorragend. Wenn Ihre Vorgesetzte sich bedankt, haben Sie schon wieder eine Bitte parat. Erneut haben Sie ein ungeschriebenes Gesetz, dieses Mal schon ein etwas wichtigeres, ins Visier genommen.

Der Sinn dieses Vorgehens besteht darin zu demonstrieren, daß innovative Projekte nicht per definitionem gefährlich sind. Die Vorgesetzten sollen erkennen, daß sie ihren engagierten Mitarbeitern ruhig einmal erlauben können, etwas unkonventionelle Wege zu beschreiten. Sobald sie die ersten Erfolge sehen, verändert sich die Atmosphäre allmählich und ganz subtil.

Die Konfrontation mit der Realität

So drastisch wie sie sich anhört, ist diese Methode nicht. Im wesentlichen geht es darum, dafür zu sorgen, daß ein Unternehmen sich den Fakten stellt.

Drei Faktoren sind Voraussetzung für eine gelungene Konfrontation mit der Realität: Ihre Autorität, die Fakten und das emotionale Klima. Das heißt: Als Autoritätsperson präsentieren Sie die

Fakten einem Publikum, das sich in der richtigen Verfassung befindet, um sie aufzunehmen.

Stellen Sie stets die verschiedenen Sichtweisen einer Angelegenheit dar, um die notwendige Glaubwürdigkeit zu erwerben. Selbst diejenigen, die nicht völlig einer Meinung mit Ihnen sind, wissen dann, daß Sie die Gegenargumente kennen und sie nicht unterschlagen wollen.

Natürlich dürfen Sie nicht erwarten, daß Menschen Fakten schon alleine deshalb akzeptieren, weil sie wahr sind. Sie müssen sie also auf eine Art und Weise präsentieren, die Ihr Publikum offen und aufgeschlossen macht. Schaffen Sie ein emotional angenehmes Klima. Je schwieriger die Situation, desto wichtiger das emotionale Klima.

Mit welchen Mitteln Sie dieses Klima schaffen, hängt weitgehend von der Situation ab und davon, ob Sie es mit einer Person oder einer Gruppe zu tun haben. Vielleicht reicht es schon, wenn Sie sich mit Ihrem Gesprächspartner einmal zusammensetzen. Wenn Sie vor einer Gruppe reden, müssen Sie darauf achten, daß Sie deren Sprache sprechen und richtig zuhören.

Ein sehr effektiver Weg, um das richtige Klima zu schaffen, besteht darin, das anstehende Problem durch eine Anekdote oder eine anschauliche Geschichte zu illustrieren. Beispielsweise bringen Sie die Fakten auf eine persönliche Ebene, wenn Sie zeigen, wie ein einzelner betroffen sein könnte. Übrigens wird diese Technik auch gerne von Politikern angewandt: Um den menschlichen Aspekt einer Angelegenheit darzustellen, erzählen sie eine Geschichte über eine Person oder eine Familie, die sie kennen.

Im folgenden soll diese Methode anhand einer hypothetischen Situation verdeutlicht werden. Nehmen wir an, Sie leiten eine kleine Firma, die seit einiger Zeit rückläufige Umsätze verbucht. Es ist ein offenes Geheimnis, daß das Unternehmen sich in einer Krise befindet. Entlassungsgerüchte machen die Runde, und unter den Mitarbeitern herrscht Nervosität. Fast alle Kontakte zwischen den Abteilungen sind von Mißtrauen und Verdächtigungen geprägt, und von Produktivität redet man schon gar nicht mehr.

Sie beschließen, diese Paranoia zu behandeln, indem Sie das Unternehmen mit der Realität konfrontieren. Sie rufen alle Mitarbeiter zusammen und legen die Fakten auf den Tisch. Sie erläutern, welche Probleme das Unternehmen hat, und verwenden zur Illustration einige Geschichten, um Ihr Publikum aufnahmebereit zu machen. Vielleicht erzählen Sie von Firmen, die ähnliche Krisen überstanden haben, oder Sie erinnern an einen allgemein bekannten Vorfall aus der Firmengeschichte. Sie könnten auch erzählen, wie Ihr Großvater Ihnen von der großen Depression erzählte, oder welche Kindheitserinnerungen Sie an einen Onkel haben, der arbeitslos wurde.

Dann beschreiben Sie alle Alternativen, die in Betracht gezogen wurden, und setzen den Zuhörern das Pro und Kontra auseinander. Könnten Sie Entlassungen vermeiden? Kurzfristig ja, aber dann wird das Unternehmen unrentabel arbeiten, und Kreditzusagen erhalten Sie auch nicht. Längerfristig wird es dann mit Sicherheit zu Massenentlassungen kommen. Aus diesem Grund haben Sie sich zögernd entschlossen, eine bestimmte Anzahl von Mitarbeitern sofort zu entlassen. Die Betroffenen erhalten Hilfestellung bei der Suche nach einem neuen Arbeitsplatz, und wenn die Lage sich gewendet hat und wieder neue Stellen zu besetzen sind, wird man sie bei der Stellenvergabe vorrangig berücksichtigen. Nun beschreiben Sie, welchen Plan Sie haben, um die Wende herbeizuführen. Nennen Sie dabei möglichst konkrete Zeitangaben und Zahlen.

Vielleicht wird Ihre Popularität nicht gerade gestiegen sein, wenn Sie die Konfrontation mit der Realität abgeschlossen haben – Entlassungen sind für alle Beteiligten eine heikle Sache –, aber zumindest haben Sie etwas gegen die Paranoia unternommen. Wenn alle Firmenmitglieder über die geplanten Maßnahmen im Bilde sind, werden keine wilden Gerüchte mehr durch die Luft schwirren. Achten Sie auch auf den Faktor der Autorität. In unserem Beispiel verfügt der Unternehmensleiter über die notwendige Autorität, um seine Mitarbeiter mit den Fakten zu konfrontieren. Aber was können Sie tun, wenn Sie nicht zur Geschäftsleitung gehören? Auch dann steht Ihnen das Mittel der Konfrontation mit der Realität noch zur Verfügung, allerdings müssen Sie sich nun die Autorität einer anderen Person zunutze machen. Zur Erläuterung soll eine Idee aus dem Marketing dienen.

Es gibt eine alte Verkaufstechnik, die „Ben-Franklin-Abschluß" genannt wird. Verkäufer wenden sie an, wenn der potentielle Kunde eigentlich schon überzeugt wurde, aber aus irgendeinem Grund seine endgültige Zusage über Gebühr hinauszögert. Der Verkäufer sagt dann ungefähr folgendes: „Der gute alte Ben Franklin hatte eine Methode, die ihm immer dann bei der Entscheidungsfindung half, wenn er sich in einer so schwierigen Situation befand wie Sie jetzt. Er nahm ein Blatt Papier und schrieb alle positiven Punkte auf die linke Seite und alle negativen auf die rechte Seite. Dann verglich er sie. Vielleicht fänden Sie es hilfreich, wenn wir das auch in Ihrem Fall tun würden."

Der Verkäufer notiert nun das Für und Wider der Kaufentscheidung und geht die einzelnen Punkte nochmals mit dem Interessenten durch. Diese Verkaufsmethode funktioniert deshalb, weil sie eine Konfrontation mit der Realität darstellt. Die Interessenten sehen schwarz auf weiß, welche Vorteile sie haben, wenn sie sich zum Kauf entschließen, und welche Nachteile ihnen entstehen, wenn sie es nicht tun. Es ist wichtig, daß Benjamin Franklin als Autoritätsfigur angeführt wird: Nicht der Verkäufer soll den Interessenten überzeugen, sondern Benjamin Franklin.

Wenn Sie diese Methode zur Konfrontation mit der Realität anwenden wollen, müssen Sie eine Person finden, die bei Ihrem Gegenüber ein hohes Ansehen genießt und dann Ihre Argumente mit ihr in einen Zusammenhang bringen. Sie könnten sich etwa auf den Firmengründer berufen. Schicken Sie den Fakten folgendes Vorwort voraus: „Ich erinnere mich noch gut daran, wie mein Vater von der Zeit erzählte, als Mr. Johnson die ganze Firma zusammenrief und verkündete ..." Schließen Sie die Anekdote ungefähr so ab: „Mir scheint, daß unsere heutige Krise mit der damaligen vieles gemeinsam hat."

Vielleicht gibt es eine Person, von der alle glauben, sie sei der beste Chef gewesen, den die Firma je hatte. Leiten Sie die Konfrontation dann folgendermaßen ein: „Ich habe neulich über unser Problem nachgedacht und mich gefragt, was Charlie wohl tun würde, wenn er noch hier wäre.“ Oder stellen Sie einen Bezug zu einem Buch oder Artikel her, den eine Kapazität auf dem Gebiet verfaßt hat: „Ich habe gerade einen wirklich interessanten Arikel in der *Harvard Business Review* über... gelesen.“

Eine neue Richtung geben

Damit ist gemeint, daß das Unternehmen sein Interesse anderen Dingen als bisher zuwendet. Der Gedanke ist einfach: Das Neue soll die Unternehmensangehörigen von der Paranoia ablenken. Das folgende Beispiel illustriert diese Methode.

Zwei Abteilungen waren einander im Firmengebäude benachbart. Abteilung A stellte ein Produkt her, das die Firma schon seit Jahren vertrieb; Abteilung B entwickelte ein neues Produkt. Die beiden Abteilungen rivalisierten um Geld und andere Ressourcen. Manchmal ging es nur um so profane Dinge wie die Frage, in welcher Abteilung die Papierkörbe zuerst geleert würden. Schließlich hatte sich aus den kleinen Reibereien, die aus der engen Nachbarschaft resultierten, eine schwache Paranoia entwickelt, woran der Leiter von Abteilung B nicht unschuldig war. Jedes Mal, wenn er einem Mitarbeiter von Abteilung A begegnete, meinte er naserümpfend zu ihm, er verschwende seine Zeit mit dem „langweiligen Produkt“. Seinen eigenen Leuten verkündete er, daß die Tage der anderen Abteilung eindeutig gezählt seien. Ungeniert versuchte er sogar, die besten Leute abzuwerben.

Schließlich wurde es so schlimm, daß die beiden Abteilungen überhaupt nicht mehr zusammenarbeiteten. Sie hörten auf, einander technische Daten und Informationen über die Kunden mitzuteilen. Keine Abteilung traute der anderen mehr über den Weg; die Mitarbeiter redeten nicht einmal mehr miteinander.

Der Präsident des Unternehmens hatte schließlich eine ganz simple Idee. Er hätte seine Behandlungsmethode vermutlich nicht so genannt, aber sie bedeutete, den Abteilungen eine neue Richtung zu geben. Er beauftragte beide Abteilungen damit, nach Wegen zur Effizienzsteigerung zu suchen, und leistete auch einen eigenen Beitrag: Er verlegte Abteilung B in ein anderes Gebäude. Bald hörte der Kleinkrieg auf, der eine Folge des engen Zusammenlebens gewesen war, und an seine Stelle trat allmählich wieder ein professioneller Wettbewerb um die Ressourcen des Unternehmens. Die Feindseligkeit zwischen den beiden Abteilungen verschwand, und mit ihr die Paranoia.

Selbst wenn Sie nicht die Befugnisse haben, um ganze Abteilungen zu verlegen, können Sie mit dieser Methode dazu beitragen, daß einzelne Bereiche des Unternehmens geheilt werden. Die Strategie bleibt dieselbe: Führen Sie andere auf einen neuen Pfad, der sie vom Anlaß der Paranoia ablenkt. In dem gerade beschriebenen Beispiel hätten auch die Mitarbeiter der Abteilungen die Behandlung veranlassen können. Jemand hätte ein gemeinsames Projekt vorschlagen können, etwa die Untersuchung der Kundenzufriedenheit mit dem aktuellen Produkt. Jeder einzelne hätte eine neue Richtung einschlagen können, indem er Elemente aus der Vergangenheit suchte, die mit in die Zukunft genommen werden sollten. Die Möglichkeiten sind unerschöpflich.

Zusammenfassung

Eine Paranoia – das unbegründete Mißtrauen gegenüber den Motiven anderer – kann die Moral, die Produktivität und die Gewinne ernsthaft unterminieren. Sie kann dazu führen, daß ein Unternehmen seine besten Mitarbeiter verliert. Es gibt vier Methoden, um die Krankheit zu behandeln, und sie können von jeder Stufe im Unternehmen aus angewandt werden:

1. Vertrauen aufbauen,
2. das Prinzip der Gegenseitigkeit anwenden,
3. die Konfrontation mit der Realität anwenden,
4. eine neue Richtung geben.

Literatur

[1] Burck, Charles G. (1983): „Will Success Spoil General Motors?“ *Fortune*, 22. August 1983, S. 98.
[2] Cialdini, Robert B. (1992): *Einfluß. Wie und warum sich Menschen überzeugen lassen.* München 1992.
[3] Stevens, Mark (1990): „Turnaround Tricks: Getting a Company Back on Its Feet“, *Working Woman*, Dezember 1990, S. 45–48.
[4] Welter, Therese R. (1990): „They're Afraid of You and Their Work Suffers Because of It“, *Industry Week*, 1. Oktober 1990, S. 11.

6 *Angst, Selbstzweifel, Lähmung* – Das neurotische Verhalten

Die Neurose ist ein Mittel, sich vor dem Nichtsein zu schützen, indem man sich vor dem Sein schützt.
Paul Tillich, Der Mut zum Sein

Auf die eine oder andere Weise sind wir alle Neurotiker.
Interview mit Harry Reasoner in TV Guide, *20. März 1971*

Das neurotische Verhalten ist wahrscheinlich die häufigste Störung, an der Unternehmen und andere Organisationen leiden. Das Hauptmerkmal der Krankheit ist die Angst. Aber anders als die paranoide Organisation, die sich vor den bösen Machenschaften anderer fürchtet, hat das neurotische Unternehmen Angst vor sich selbst und hegt tiefe Zweifel an seinen Fähigkeiten. Eine derartige Angst ist sehr gefährlich. Oft führt sie dazu, daß es mit der Produktivität rapide bergab geht. Die ängstlichen, unsicheren Mitarbeiter wenden immer mehr Zeit, Energie und Ressourcen auf, um Mißerfolge zu verhindern, statt mit voller Kraft am Erfolg zu arbeiten. Das Scheitern ist bei dieser Einstellung vorprogrammiert.

Wenn das Leiden sich verschlimmert, wird das neurotische Unternehmen von seinen Sorgen völlig absorbiert. Irgendwann ist es unfähig, überhaupt noch effektiv zu arbeiten, selbst wenn es nur um Routineangelegenheiten geht. Die ständige Angst und die Selbstzweifel lassen auch das geringste Risiko überdimensional groß erscheinen. Folglich widersetzt sich das Unternehmen notwendigen Veränderungen um jeden Preis. Aber Risiken sind nun einmal eine notwendige Bedingung für den Fortschritt. Peter Drucker wies darauf hin, daß ein erfolgreiches Unternehmen, das genau das tut, was es auch in der Vergangenheit getan hat, zum Scheitern verurteilt ist. Denn die Umgebung verändert sich ständig, und die Organisation muß sich anpassen. Das neurotische

Unternehmen dagegen tritt auf der Stelle und muß, wenn nichts gegen die Krankheit unternommen wird, Einbußen in allen Bereichen hinnehmen.

Die Geschichte von Montgomery Ward

Die Warenhauskette Montgomery Ward war vor dem Zweiten Weltkrieg größer als der Konkurrent Sears Roebuck. Heute hat Sears trotz eigener Schwierigkeiten den Konkurrenten weit überflügelt. Wie kam es dazu?

Die Tatsachen sind schnell erklärt: Vor dem Krieg gehörte Montgomery Ward zu den am schnellsten wachsenden Einzelhandelsunternehmen der Vereinigten Staaten. Nach dem Krieg jedoch stagnierte das Wachstum. Bis 1952 wurde nicht ein einziges neues Geschäft eröffnet, dafür wurden 27 Geschäfte geschlossen – jedes einzelne davon hatte rentabel gearbeitet, so verrückt sich das anhört.

Montgomery Ward war neurotisch geworden. Swell Avery, der Firmenleiter, hatte das gesamte Unternehmen mit seiner tiefen Angst vor den finanziellen Problemen der Nachkriegszeit angesteckt. Die Mitarbeiter sahen zähneklappernd in die Zukunft.

Ward hätte durchaus in einem vernünftigen Rahmen expandieren können und immer noch große Reserven an liquiden Mitteln zurückbehalten. Das notwendige Kapital war also vorhanden. Ein Manager von Ward nannte das Unternehmen einmal sogar „eine Bank mit Schaufenstern". Aber die neurotische Firma war sicher, daß ihr ein Leben in bitterer Armut blühte, wenn sie Geld investierte. Sie klammerte sich verbissen an ihre riesigen Reserven. Ward hörte nicht nur auf zu expandieren, sondern verkaufte sogar Vermögenswerte. Selbst in Zeiten des Konjunkturaufschwungs schrumpfte Ward weiter.

Auch Sears Roebuck sorgte währenddessen für ausreichende Barreserven, gab aber gleichzeitig Millionen Dollar für den Bau neuer Geschäfte aus. Während Sears sich auf die Vision konzentrierte, Amerikas Nummer eins als Lieferant von Haushaltswaren zu werden, grübelte Montgomery Ward, wie man Fehlschläge vermeiden könnte.[1]

Als Mitarbeiter von Montgomery Ward hätten Sie damals die folgenden Symptome neurotischen Verhaltens festgestellt:

- Selbstzweifel,
- emotionale Lähmung (Handlungsunfähigkeit),
- Angst,
- Nervosität.

Was machen neurotische Unternehmen falsch?

Die Versagensängste, mit denen sich Montgomery Ward jede Entwicklungsmöglichkeit verbaute, sind ein typisches Merkmal neurotischer Unternehmen. Sie führen zu verschiedenen selbstzerstörerischen Verhaltensweisen:

- Dem Mikromanagement wird zuviel Bedeutung beigemessen.
- Innovationen und Risiken werden gemieden.
- Fehler gelten nicht als Möglichkeit zum Lernen, sondern als schlimmes Vergehen.

Wie wirken sich diese Anzeichen der Angst nun in einem Unternehmen aus?

Mikromanagement

In ihrem Bestreben, keinen der gefürchteten Fehler zu machen, tappen neurotische Organisationen in die Falle des Mikromanagements: Die Führungskräfte kontrollieren alles, was ihre Mitarbeiter tun, und treffen für sie in jeder Phase eines Vorgangs Entscheidungen. Sie scheinen dies für ein gutes Rezept gegen Mißerfolge zu halten. Ein gewisses Maß an Vorsicht ist natürlich nie verkehrt, aber man sollte es auch nicht übertreiben. Wenn jeder Manager sich hauptsächlich darum kümmert, Fehler zu suchen, verzettelt sich bald das gesamte Unternehmen in einem Wust von Details.

Wenn Sie in einer Firma arbeiten, in der ein solches Mikromanagement betrieben wird, wissen Sie, was wir meinen. Auch wenn Sie auf Ihrem Fachgebiet unumstritten sind, behandelt Ihr Chef Sie wie einen kompletten Idioten, denn er überprüft immer wieder alles, was Sie tun, und überlegt es sich mindestens drei Mal, bevor er sich zu einer Entscheidung durchringt. Natürlich versuchen Sie, sich gegen eine solche Behandlung zu wehren. Aber je mehr Widerstand Sie leisten, desto stärker werden Sie kontrolliert.

Dabei streben die Manager nicht einmal Perfektion oder Spitzenleistungen an. Sie werden selbst ständig kontrolliert und versuchen nur, mit den ihnen zur Verfügung stehenden Mitteln zu überleben. Leider liegt die Ursache für die Krankheit und die übertriebene Angst oft außerhalb ihres Einflußbereichs. So sehen sie keine andere Möglichkeit, als jedem nachgeordneten Mitarbeiter über die Schulter zu sehen. Das trägt zur Fortsetzung des neurotischen Verhaltens bei, so daß das Unternehmen seine eigentlichen Aufgaben immer weniger erfüllen kann.

Neurotisches Verhalten verhindert Innovationen

Besonders destruktiv wirkt sich das neurotische Verhalten in Unternehmen aus, die auf ein hohes Maß an Innovationen und Risikobereitschaft angewiesen sind. Innovationen sind zwar in allen Unternehmen ein wichtiger Erfolgsfaktor, aber leider sind Firmen, in denen die Produktentwicklung eine große Rolle spielt, für neurotische Störungen besonders anfällig. Immerhin ist jede Produktentwicklung ein riskantes Unterfangen, denn neun von zehn neuen Produkten können sich am Markt nicht behaupten. Gesunde Unternehmen wissen das und akzeptieren gelegentliche

Flops als normalen Bestandteil des Geschäftslebens. Sie wissen auch, daß die risikoreichsten neuen Produkte oft das höchste Erfolgspotential haben.

In neurotischen Organisationen sieht es ganz anders aus. Einen möglichen Mißerfolg ziehen sie erst gar nicht in Betracht, weil sich dann ja all ihre Befürchtungen bewahrheiten könnten. Sie reagieren, indem sie starr vor Angst werden. Ein Beispiel dafür ist die Alpine Engineering Development Company.

Alpine war Marktführer bei Spezialventilen für Sauerstoffatemgeräte. Dank eines einzigartigen Ventils, das Ende der vierziger Jahre entwickelt worden war, beherrschte die Firma die Branche mehr als 20 Jahre lang. Das Unternehmen war jedoch von der Angst gelähmt, als völlig inkompetent zu gelten, wenn es ihm nicht gelänge, ein ebenso erfolgreiches neues Ventil auf den Markt zu bringen. Es waren die typischen Selbstzweifel einer neurotischen Organisation. Während andere Firmen mit voller Kraft an der Entwicklung eines neuen Ventils arbeiteten, blieb Alpine untätig. Schließlich kam es, wie es kommen mußte: Eine Konkurrenzfirma brachte ein besseres Ventil auf den Markt, und Alpine wurde bald darauf von einem Wettbewerber aufgekauft.

Die Suche nach dem Schuldigen

Wie schon erwähnt, sind manche Mißerfolge unvermeidlich. Gesunde Unternehmen versuchen den Schaden zu begrenzen und wenden den Blick dann wieder nach vorne. Aber in neurotischen Organisationen ist es viel wichtiger, Mißerfolge zu vermeiden als an Erfolgen zu arbeiten. Kommt es dann tatsächlich zu einer Panne, wird ein merkwürdiger Prozeß in Gang gesetzt, den man unter das Motto: „Suche den Schuldigen und bestrafe den Unschuldigen" stellen könnte. Es werden also nicht nur die Fehler bestraft, sondern manchmal auch diejenigen, die sie aufgedeckt haben – so wie man früher Boten töten ließ, die eine schlechte Nachricht überbrachten.

In ihrer Entschlossenheit, Fehler um jeden Preis zu vermeiden, führen neurotische Organisationen strikte Regeln und Überwachungsprozeduren ein, die jede Aussicht auf unternehmerischen Erfolg schon im Keim ersticken. Es ist ein schlimmer Teufelskreis. Weil man ihrer Kreativität keinen Raum zur Entfaltung gewährt, sind die Mitarbeiter neurotischer Organisationen zutiefst unzufrieden und unproduktiv. Je mehr sie versuchen, ihre Fähigkeiten zu entfalten, desto stärker werden sie gegängelt. Eine erfolgreiche Karriere kann unter solchen Bedingungen natürlich nicht aufgebaut werden. Früher oder später ziehen die meisten Mitarbeiter die Konsequenzen und kündigen. So muß das Unternehmen auf die Talente verzichten, die es so dringend benötigt, um zu überleben.

Die Behandlung der neurotischen Organisation

Wenn ein Unternehmen neurotisch wird, müssen Sie schleunigst Maßnahmen zu seiner Heilung ergreifen. Die folgenden vier Techniken haben sich gut bewährt:

1. durch das Verstärkungsprinzip die Krankheit mit ihren eigenen Waffen schlagen,
2. die Krankheitsursache neu definieren,
3. durch Gruppendruck Verhaltensänderungen herbeiführen,
4. die Kräfte auf ein neues Ziel konzentrieren.

Das Verstärkungsprinzip

Diese Therapie wird mit einer Person durchgeführt, in deren Verhalten die Neurose des Unternehmens besonders deutlich zum Ausdruck kommt. Der Behandelnde verstärkt nun gerade dieses

Verhalten, ob sein Gegenüber dies will oder nicht. Diese Methode mag paradox klingen, aber sie funktioniert. Ein Beispiel:

Wenn Ihr Chef Ihnen ständig über die Schulter blickt, dann gibt es etwas besseres, als ihn zähneknirschend gewähren zu lassen. Ermuntern Sie ihn, noch genauer hinzusehen! Nehmen wir an, er möchte genau wissen, was Sie anderen über das Projekt erzählen, an dem Sie gerade arbeiten. Wunderbar! Führen Sie ein „Kontakttagebuch". Notieren Sie Datum, Zeit, Gesprächspartner, Thema und alles, was gesagt wurde. Lassen Sie keine Einzelheit aus. Wenn eine Sekretärin sagt, daß sie einen Bericht über Ihr Projekt kopieren wird, dann nehmen Sie auch dieses Detail auf. Wenn ein Freund das Projekt in einem ganz anderen Zusammenhang erwähnt, notieren Sie es! Überhäufen Sie Ihren Vorgesetzten mit einer Flut von Einzelheiten. Bestimmt fallen Ihnen noch viele Details ein, die Sie dokumentieren können.

Der Erfolg dieser Behandlungsmethode hängt in hohem Maß davon ab, welche Einstellung Sie während der Therapie an den Tag legen. Seien Sie weder anmaßend noch respektlos, sondern freundlich und hilfsbereit. Denken Sie immer daran, daß Ihre wichtigste Aufgabe im Augenblick die ist, Ihren Chef rundum zu informieren. Wenn Sie konsequent sind, wird es nicht lange dauern, bis er sich die Haare rauft und Sie anfleht, damit aufzuhören.

Donald Trump erfuhr einmal am eigenen Leib, wie diese Therapie funktioniert. Trump war als Mehrheitseigner am Grand Hyatt beteiligt. Leider konnte er der Versuchung nicht widerstehen, dem Geschäftsführer genauestens auf die Finger zu sehen. Regelmäßig mischten er und seine Frau sich in seine Arbeit ein. Natürlich waren sich die Trumps, wie es typisch für das neurotische Verhalten ist, nicht bewußt, wie übertrieben ihre ständigen Interventionen waren. Als dem Manager schließlich der Geduldsfaden riß, beschwerte er sich beim Leiter der Hyatt Hotels-Gruppe – mit dem Ergebnis, daß er auf Veranlassung von Trump entlassen wurde. Beschwerden haben unter solchen Umständen keinerlei Erfolgsaussichten, im Gegenteil, sie verschlimmern die Krankheit nur noch.

Der neue Manager des Grand Hyatt ging sehr viel geschickter vor. Trump erinnert sich:

Der neue Manager hatte einen genialen Einfall. Er begann, uns mit den banalsten Mitteilungen zu bombardieren. Mehrmals in der Woche rief er an und sagte: „Donald, sind Sie damit einverstanden, daß wir auf dem vierzehnten Stock eine andere Tapete anbringen?", oder: „Wir möchten eine neue Speisekarte für eines der Restaurants", oder: „Wir überlegen gerade, ob wir einen neuen Wäschedienst beauftragen sollten". Außerdem lud er uns zu sämtlichen Managementbesprechungen ein. Der Kerl war derart penetrant an unserer Meinung interessiert, daß ich schließlich sagte: 'Lassen Sie mich bitte in Ruhe, tun Sie, was Sie wollen, aber behelligen Sie mich nicht ständig'."[2]

Wichtig am Vorgehen des zweiten Managers war, daß er Trumps Verhalten verstärkte, ohne ihn unhöflich zu behandeln. Auch Sie können diese Methode anwenden. Seien Sie einfach nur freundlich, und halten Sie sich an die Vorschriften, während Sie die Vorgaben Ihres Chefs zweihundertprozentig erfüllen. Und wie sieht es aus, wenn Sie mit der Therapie beginnen und zu hören bekommen, daß Sie sich selbst um diese Dinge kümmern sollen? In diesem Fall haben Sie vermutlich eine falsche Diagnose gestellt, denn in einer neurotischen Organisation ist eine derartige Reaktion undenkbar.

Die Krankheitsursache neu definieren

Sie können das neurotische Verhalten auch ändern, indem Sie auf die Wahrnehmung des Kranken Einfluß nehmen. Diese Rahmenveränderung beruht auf der folgenden Grundtatsache der menschlichen Natur: Es gibt immer mehr als nur eine mögliche Sichtweise. Deswegen sehen manche ein halbvolles Glas und andere ein halbleeres vor sich stehen. Die Krankheitsursache neu zu definieren, bedeutet also, eine neue Sichtweise für die Auslöser des neurotischen Verhaltens zu finden.

W. Clement Stones riesiger *Versicherungskonzern* wurde durch Selbstzweifel, Lähmungserscheinungen, Angst und andere Symptome neurotischen Verhaltens gefährdet. Er wandte eine sehr einfache Technik zur Rahmenveränderung an, der die Prämisse zugrundelag, daß „jedes Problem auch eine Chance birgt". Er war der festen Überzeugung, daß jede Führungskraft, die mit einem Problem zu ihm kam, auch eine Chance mitbrachte. Sogar die Gründung seines Unternehmens hatte mit einer Neudefinition begonnen. Die Vertriebsabteilung, deren Leiter er war, erstarrte in kollektiver Angst, als bekannt wurde, daß die wichtigste Versicherungsgesellschaft, für die sie tätig war, den Vertrag kündigte. Stone definierte dieses Problem kurzerhand um, indem er es als Chance bezeichnete, eigene Policen zu verkaufen.

Ein kleines *Luftfahrtunternehmen*, das auf einem sehr spezialisierten Markt tätig war, entwickelte Symptome neurotischen Verhaltens, als die Ausgaben für diejenigen Posten im Rüstungsetat, die für das Unternehmen maßgeblich waren, um 80 Prozent gekürzt wurden. Viele Manager waren fassungslos. Manche schlugen vor, umgehend Entlassungen vorzunehmen, andere wollten sofort auf nichtmilitärische Produkte umschwenken, mit denen sie jedoch keinerlei Erfahrungen gesammelt hatten. Schon kündigten die ersten Mitarbeiter, die in anderen Branchen untergekommen waren. Das Unternehmen verharrte in einem neurotischen Stillstand, bis ein Manager begann, den Rahmen neu zu definieren. Er wies darauf hin, daß die kräftige Etatkürzung die größeren Unternehmen vom Markt vertreiben würde, weil sie höhere Gemeinkosten hatten. Für das eigene kleine Unternehmen aber stellten selbst 20 Prozent des früheren Etats noch ein großes Potential dar. Da die Etatkürzung weniger Wettbewerb bedeutete, bot sie sogar eine Chance zur Umsatzsteigerung!

Nach Jahren des scheinbar unaufhaltsamen Aufstiegs mußte auch *IBM* herbe Verluste hinnehmen. Noch schlimmer war jedoch, daß der legendäre Konzern begann, neurotische Tendenzen an den Tag zu legen. Angst und Selbstzweifel breiteten sich aus.[3] Steve Schwartz, seit 33 Jahren bei IBM und damit schon ein Veteran, wurde die Leitung eines neuen „marktorientierten Qualitäts-Programms“ übertragen. Seine Aufgabe hieß, die Auswüchse der angestaubten Bürokratie zu beseitigen, Produktmängel zu beheben und fehlerhafte Prozesse zu korrigieren.

Bei einem Treffen mit den Technikern in einem IBM-Werk in Rochester, Massachusetts, machte Schwartz eine merkwürdige Entdeckung. In Rochester gingen dieselben Beschwerden ein, die andere Kunden schon zuvor an lokale IBM-Niederlassungen gerichtet hatten. In einem gutgeführten Unternehmen werden derartige Beschwerden an die Zentrale weitergeleitet, wo die Verantwortlichen sofort sämtliche lokale Niederlassungen informieren, damit diese das Problem lösen, *bevor* weitere Beschwerden eingehen. Wenn man in Rochester überhaupt von Reklamationen erfuhr, dann viel zu spät, weil sich auch die eigenen Kunden schon beschwerten. Davon abgesehen, daß es völlig unsinnig war, auf Kundenbeschwerden zu warten, kostete es auch eine beträchtliche Menge Geld, sie einvernehmlich zu regeln. Besonders ärgerlich war natürlich, daß diese Kosten völlig unnötig waren. Als Schwartz der Sache weiter nachging, stellte er fest, daß es in anderen IBM-Niederlassungen nicht anders aussah. Die IBM-Manager betrachteten Kundenbeschwerden als lokale Angelegenheit.

Also gab Schwartz dem Problem einen neuen Rahmen. Von nun galten Beschwerden in den lokalen Niederlassungen nicht mehr als deren alleiniges Problem. Jede Beschwerde war Sache des ganzen *Konzerns*. Schwartz beauftragte ein Softwareteam mit der Entwicklung eines Programms, das die relevanten Informationen koordinierte. Jeder Mitarbeiter in jeder Niederlassung der Vereinigten Staaten hatte nun die Möglichkeit, eine eingehende Beschwerde an den Zentralcomputer zu übermitteln. Von der Zentrale aus wurden die Beschwerden an sämtliche IBM-Niederlassungen und Werke weitergeleitet. Auf diese Weise können viele Probleme gelöst werden, bevor sie bei den Kunden auftreten.[4] Natürlich wurde IBM durch diese Einzelmaßnahme nicht geheilt, und die Behandlung ist auch noch nicht beendet. Aber die Neudefinition des Problems war und *ist* ein Teil der Therapie.

Der Konzern kämpft, während wir an diesem Buch schreiben, immer noch mit schweren Verlusten; neue Entlassungspläne wurden angekündigt, die Dividenden gekürzt und personelle Veränderungen an der Konzernspitze vorgenommen. Aber das mindert Schwartz' Leistung keineswegs: Mit seiner Technik gelang es ihm, die Wahrnehmung der Mitarbeiter zu beeinflussen und einen wichtigen Schritt zum Abbau des allgemeinen neurotischen Verhaltens zu tun. Gleichzeitig ermöglichte er erhebliche Einsparungen und stellte auch noch die Kunden zufrieden.

Gruppendruck ausüben

Der Gruppendruck ist der Einfluß, den einige Menschen kraft ihres Willens, ihrer Persönlichkeit oder ihres Charismas auf eine Gruppe ausüben. Wenn dieser Druck stark genug ist, können unglaubliche Dinge geschehen. Die Gruppe glaubt Dinge, die sie sonst niemals glauben würde, oder sie ist plötzlich in der Lage, Außergewöhnliches zu leisten. Sozialer Druck läßt Kinder zu Drogen greifen – oder zur Ansicht gelangen, daß es „cool" ist, darauf zu verzichten. Ein Lynchmob ist ebenfalls das Ergebnis sozialen Drucks. Ein anderes Beispiel sind die Demonstrationen, mit denen in den Vereinigten Staaten die Bürgerrechte für Minderheiten erkämpft wurden. Jeder Gruppendruck kann sich zum Guten oder zum Bösen auswirken. Er läßt sich auch zur Behandlung neurotischer Unternehmen und zur Immunisierung gegen weitere Krankheitsattacken einsetzen.

Ein interessantes Experiment aus der Psychologie illustriert, wie der soziale Druck wirkt. Eine Gruppe von Freiwilligen nimmt wahr, wie mehrere Personen nacheinander den Raum betreten, eine bestimmte Feststellung machen und dann wieder hinausgehen. Die Teilnehmer des Experiments sollen beurteilen, ob die Personen gelogen oder die Wahrheit gesagt haben. Ein Schriftführer notiert die Meinung jedes Beobachters.

Mit diesem Experiment sollte herausgefunden werden, inwieweit die Beobachter sich von der Meinung der Anwesenden beeinflussen ließen. Wenn die Mehrheit zum Schluß kam, daß eine Person gelogen hatte, waren die anderen schließlich ebenfalls dieser Meinung, selbst wenn die Person die Wahrheit gesagt hatte. Das Urteil der Beobachter basierte also weniger auf ihrem individuellen Eindruck als auf der Meinung der anderen Anwesenden.

Sozialer Druck kann von den verschiedensten Gruppen ausgeübt werden. Dazu gehören die Familie, Freunde, Gleichaltrige und andere Gruppen, mit denen gemeinsame Interessen geteilt werden. Auch Außenstehende können auf Gruppen einwirken. Im allgemeinen ist der soziale Druck aber dann am wirkungsvollsten, wenn er aus der Organisation selbst kommt.

Ein kleines privates College erkrankte an einer Neurose, als durch die Rezession die Studentenzahlen zurückgingen. Man versuchte mit allen möglichen Mitteln, wieder mehr Bewerber anzuziehen, aber ohne Erfolg. Gerüchte waren im Umlauf, daß Entlassungen anstünden, von denen nicht einmal langjährige Lehrkräfte verschont bleiben sollten. Furcht und Selbstzweifel machten sich breit. Alle waren wie gelähmt und harrten ihres Schicksals. Währenddessen gingen die Studentenzahlen weiter zurück.

Eines Tages meinte eine junge Lehrkraft zu einem älteren Kollegen: „Was spielt es denn für eine Rolle, wieviele Studenten wir haben oder was in der Zukunft sein wird? Wir haben unseren Bildungsauftrag doch heute zu erfüllen!“

Der Ältere stand da wie angewurzelt. Dann lächelte er: „Ich glaube, Sie haben da etwas sehr Wichtiges gesagt.“

„Wir haben einen Bildungsauftrag!“ wurde von nun an allen entgegengehalten, die ihren Pessimismus äußerten. Das Schlagwort drückte den Glauben der Lehrkräfte an ihren Beruf und ihre Institution aus. Dieser Glaube erzeugte einen enormen sozialen Druck zum positiven Handeln, der jeden mitriß. Das Ergebnis konnte sich sehen lassen: Die eingeschriebenen Studenten und Studentinnen erhielten eine qualitativ hochwertige Ausbildung, und es wurde eine Reihe neuer Programme initiiert. Lehrkräfte wie Studierende engagierten sich mit Leib und Seele für die Beschaffung von Mitteln. Das neurotische Verhalten verschwand vollkommen. Bald riefen die ungewöhnlichen Aktivitäten an diesem College die Presse auf den Plan. Die Bewerberzahlen stiegen wieder, zuerst langsam, dann aber rapide. Während andere Einrichtungen sich wegen der Rezession verkleinerten, expandierte dieses College. Sozialer Druck kann eine starke Medizin sein!

Aber auch Außenstehende können die Saat des Gruppendrucks säen. Ein Firmenchef, der seit Jahren keinen Urlaub mehr gemacht hatte, begab sich auf eine zweimonatige Europareise. Während seiner Abwesenheit wurde die Gewerkschaft, die viele seiner Mitarbeiter vertrat, neurotisch. Sie stellte einige Maßnahmen im Betrieb als völlig falsch dar und überzeugte die Mitglieder, daß unverzügliches Handeln notwendig sei. Noch in der Abwesenheit des Unternehmensleiters schlug die Gewerkschaft ohne Warnung zu.

Natürlich stieg der Chef in das nächste Flugzeug, um sich um die Sache zu kümmern. Aber schon damals kamen der Gewerkschaft Zweifel an ihrem Vorgehen. Wenn der Streik ein Fehler gewesen war, wie konnten sie ihn dann jetzt wiedergutmachen? Den Streik absagen, ohne überhaupt verhandelt und einige Zugeständnisse gewonnen zu haben, würde lächerlich aussehen. Die Führungsspitze und die Mitglieder der Gewerkschaft waren gleichermaßen gelähmt.

Dem Firmenchef war ebenfalls klar, daß das Vorgehen der Gewerkschaft völlig unvernünftig gewesen war. Er beschloß, sich so zu verhalten, wie es keiner der Beteiligten erwartete: Er nahm sich der unmittelbaren Bedürfnisse der streikenden Mitarbeiter an. Er organisierte eine kostenlose Betreuung für die Kinder streikender Mitarbeiter, damit deren Ehepartner arbeiten konnten. Er reservierte einen Platz auf dem Firmengelände, wo die Mitarbeiter, die gerade nicht als Streikposten fungierten, Baseball spielen und andere Sportarten betreiben konnten, und stellte ihnen sogar noch das notwendige Zubehör zur Verfügung. Er ließ den Streikposten Erfrischungen bringen. Bald hatten die Mitglieder vom Management eine bessere Meinung als von ihren Gewerkschaftsführern. Sie begannen, auf eine schnelle und gütliche Einigung zu drängen. Der Gruppendruck ihrer Mitglieder veränderte das neurotische Verhalten der Gewerkschaft.

Eine wichtige Lektion aus dieser Geschichte ist die, daß Sie einer Organisation nicht unbedingt angehören müssen, um ihr Verhalten zu verändern. Es kommt nur darauf an, das richtige psychologische Instrument in der richtigen Weise anzuwenden.

Die Kräfte auf ein neues Ziel konzentrieren

Eine weitere Taktik zur Behandlung eines neurotischen Unternehmens besteht darin, es von seinen Ängsten abzulenken. Dies gelingt Ihnen, wenn Sie es dazu bewegen können, alle Energien auf ein neues Ziel zu konzentrieren.

Joe Sugarman, Präsident von JS&A, leitet ein bestens eingeführtes Unternehmen. Doch vor zwanzig Jahren stand er vor dem Abgrund.

Im Jahr 1972 war Joe der erste, der Taschenrechner im Katalogversand anbot. Sein erster Katalog, den er an 50 000 Buchhalter schickte, war ein Reinfall. Prompt wollte die Investmentgesellschaft, die an dem Unternehmen beteiligt war, wieder aussteigen. Aber Joe hatte Informationen, über die die Gesellschaft nicht verfügte: Der Preis für den Rechner sollte um 25 Prozent fallen.

Mit dem Wissen, welche Versandlisten die höchste Resonanz versprachen, konnte er die Investmentgesellschaft überzeugen, sich wieder auf das Gewinnpotential und nicht auf die Gefahr möglicher Verluste zu konzentrieren. 400 000 Empfänger erhielten den neuen Katalog. Sugarman erzählt, was dann geschah:

„Es gingen mehr Bestellungen ein, als ich bearbeiten konnte – mehr als ich mir je vorgestellt hätte.“[5] Kein Wunder, daß Joe noch heute gut im Geschäft ist.

Zusammenfassung

Das neurotische Verhalten ist von Selbstzweifel und Versagensängsten geprägt. Eine Organisation mit neurotischen Verhaltensweisen können Sie mit folgenden Maßnahmen behandeln:

1. Wenn die Krankheit schon ausgebrochen ist, dann zögern Sie nicht mehr. Fangen Sie sofort an, Heilungsmaßnahmen zu ergreifen. Vielleicht glauben Sie, daß es dem Unternehmen schon von alleine besser gehen wird. Aber Sie täuschen sich, der Zustand wird sich weiter verschlechtern.
2. Wenden Sie die Verstärkungstherapie an. Tun Sie freundlich und zuvorkommend alles, worum man Sie bittet, und zwar so penibel genau, daß man Sie über kurz oder lang mit Freuden wieder selbständig arbeiten läßt.
3. Definieren Sie die eigentliche Ursache der Krankheit um, damit sie nicht mehr so bedrohlich erscheint. Mit anderen Worten: Geben Sie der „Bedrohung" einen anderen Rahmen.
4. Üben Sie Gruppendruck aus, um gegen das neurotische Verhalten anzugehen.
5. Sorgen Sie dafür, daß das Unternehmen sich nicht mehr auf seine Versagensängste, sondern auf ein neues Ziel konzentriert.

Literatur

[1] Carroll, Thomas (1989): „Computer Companies Are Launching More Products Than Ever, But Are They Really New?" *Time*, 30. Oktober 1989, S. 72.

[2] Hartley, Robert F. (1981): *Marketing Mistakes*, 2. Ausg. (Columbus, Ohio: Grid, 1981), S. 23–34.

[3] Hetzer, Barbara (1990): „Impossible Mission, Unflappable Boss", *Business Month*, Oktober 1990.

[4] Sugarman, Joseph (1980): *Success Forces* (Chicago: Contemporary Books, 1980), S. 69–73.

[5] Trump, Donald J./Schwartz, Tony (1987): *Trump: The Art of the Deal* (New York: Warner Books, 1987), S. 10.

7 *Es hat ja doch keinen Sinn!* – Depression

Depressionen sind in unserer Gesellschaft zu einer wahren Epidemie geworden.
Webster Scott, The New York Times, *16. März 1975*

Das Berufsleben in einem Unternehmen, das an Depressionen leidet, ist, wie könnte es anders sein, deprimierend. Die Mitarbeiter sind gleichgültig, apathisch, lethargisch. Sie scheinen weder Energie noch Gefühle aufzubringen. Sie kümmern sich weder um die Zukunft des Unternehmens noch interessieren sie sich für seine Vergangenheit. Ein depressives Unternehmen weiß um seine Lage und hat ein schlechtes Gewissen, weil es sich in einem so miserablen Zustand befindet. Am liebsten würde es aufgeben.

Tragischerweise verschlimmert gerade die Unfähigkeit des Unternehmens, seine Mitarbeiter für ein gemeinsames Ziel zu mobilisieren, den depressiven Zustand weiter. Es befindet sich in einer Abwärtsspirale. Wenn es keine Hilfe bekommt, ist sein Ende unausweichlich, falls die Wettbewerber ihm nicht schon vorher gnädig den Todesstoß versetzen.

Während des Vietnamkriegs waren viele Firmen in der Entwicklung oder Produktion von Ausrüstungsteilen tätig, die Soldaten und Piloten vor Granatsplittern schützten. Immerhin wurde eine halbe Million Männer und Frauen in Vietnam eingesetzt, so daß der Bedarf sehr hoch war. Als jedoch die US-amerikanischen Truppen abzogen, ging die Nachfrage zurück.

Die meisten Firmen stellten sich schnell auf rentablere Produkte um und profitierten dabei sogar häufig von ihren Erfahrungen. So eroberten einige Unternehmen den Markt für Schutzausrüstungen für Polizisten, der damals gerade entstand. Eine Firma jedoch unternahm gar nichts. Sie lebte von den wenigen Aufträgen, die ihr noch geblieben waren, und schrumpfte dabei. Keiner der Manager war bereit, sich ernsthaft um neue Märkte oder neue Produkte zu kümmern.

Außenstehende, die mit dieser einst aufstrebenden Firma in Kontakt traten, hatten bei ihren Besuchen das Gefühl, ein Leichenschauhaus zu betreten. Es herrschte Totenstille. Die Beschäftigten schlichen still über die Flure. Veränderungsvorschläge wurden mit einem schwachen Lächeln beschieden. „Wir sind einfach nicht in der Lage, uns auch mit anderen Produkten zu profilieren“, war die Standardantwort. „Wir haben verschiedene Dinge ausprobiert, aber es hat nie geklappt.“ Schließlich blieben die Aufträge ganz aus, und die Firma wurde geschlossen.

In depressiven Unternehmen treten folgende Symptome auf:

- Mangel an Energie,
- Apathie,
- Mangel an Initiative,
- Mangel an Engagement,
- Schuldgefühle,
- der Wunsch, aufzugeben.

Die Behandlung der depressiven Organisation

Die Behandlung eines depressiven Unternehmens sollte in drei Schritten erfolgen:

1. Lenken Sie das Unternehmen von seiner Depression ab.
2. Sorgen Sie dafür, daß das Unternehmen Grund hat, stolz auf sich zu sein.
3. Stärken Sie dann das Selbstvertrauen des Unternehmens, indem Sie ihm einen größeren Erfolg ermöglichen.

Die folgenden Beispiele zeigen, wie die Behandlung der Depression mit diesen drei Schritten in der Praxis aussehen kann.

Als der Amerikaner Peter Schutz im Jahr 1980 *Porsche* übernahm, konnte er innerhalb kurzer Zeit eine Unternehmensdepression heilen. Bald nach seinem Eintritt in die Firma erfuhr er von einem Beschluß, nach dem Porsche bei der prestigeträchtigen Rallye von Le Mans nicht teilnehmen werde. Schutz daraufhin: „Es ist mir egal, was Sie dafür tun müssen, aber Porsche wird in Le Mans gewinnen." Schutz begleitete das Team nicht nur persönlich zum Rennen, sondern er verbrachte auch die gesamte Zeit in den Boxen. Der Sieg von Porsche trug maßgeblich dazu bei, die Depression abzubauen. Es stellte sich heraus, daß Schutz genau der richtige Mann für Porsche war.[1]

Der freundliche Präsident der *Donahue Manufacturing Company* hatte sich von der Vertriebsabteilung in die Vorstandsetage hochgearbeitet. Er war in der ganzen Zeit immer seiner Gewohnheit treu geblieben, mindestens einmal in der Woche in der Vertriebsabteilung vorbeizuschauen, um seine „Jungs" zu sehen. „Wieviel Geld habt ihr heute für mich gemacht?" pflegte er sie ebenso scherzhaft wie frohlockend zu fragen. Sie erwiderten dann lachend: „Nicht genug für Sie, aber es reicht aus."

Die Vertriebsmitarbeiter schätzten seine Besuche, denn der Präsident genoß ihr volles Vertrauen. Sie hatten das Gefühl, daß seine Gegenwart Glück bringe. Solange sein Name an der Tür stand, waren sie unschlagbar, so lautete ihre Überzeugung.

Dann zog sich Präsident Donahue aus dem Berufsleben zurück. Fast sofort gingen die Umsätze zurück. Der Vertriebsleiter sah, daß seine Leute weniger Verkaufsanrufe tätigten. Sie hatten Angst bekommen, weil sie glaubten, ohne Donahue würde ihnen nichts mehr gelingen. Wie so oft in solchen Fällen, bewahrheiteten sich ihre Befürchtungen. Weniger Verkaufsanrufe bedeuteten niedrigere Umsätze, und der Umsatzrückgang wiederum führte zu Depressionen und einem Verlust des Selbstvertrauens, was zu einer weiteren Abnahme der Anzahl der Verkaufsgespräche führte: die Abwärtsspirale der Depression. Bald waren die Verkäufer so deprimiert, daß sie gar nichts mehr verkauften. Sie nahmen nur noch Aufträge entgegen.

Der Vertriebsleiter verstand das Problem und setzte es seinen Mitarbeitern sogar auseinander. Aber was er auch unternahm, die Lage besserte sich nicht. Bis er eines Tages eine Idee hatte.

Er trommelte seine Mannschaft zusammen und redete weder über Verkaufsgespräche noch Umsätze. Statt dessen fragte er: „Wer von Ihnen ist schon einmal aus einem Flugzeug gesprungen?“ Niemand hob die Hand. „Man hat mir gesagt“, so fuhr er fort, „daß das Fallschirmspringen großen Spaß macht.“ Das Interesse seiner Mitarbeiter war ihm nun sicher. „Ich selbst habe es noch nie getan“, meinte er, „aber ich hätte Lust dazu, es auszuprobieren. Wer wäre bereit, gemeinsam mit mir zu springen, wenn die Firma die Kosten für die Ausbildung, Versicherung und den Sprung übernähme?“

Nachdem die Mitarbeiter begriffen hatten, daß der Vertriebsleiter nicht scherzte, stellten sie alle durcheinander Fragen. Es war das längste Gespräch, das sie je geführt hatten. Jemand fragte, warum die Firma für so etwas Geld ausgebe. „Ich weiß nicht“, antwortete der Vertriebsleiter. „Vermutlich will der neue Boss nur wissen, ob wir den Mumm dazu haben.“ Von 31 Verkäufern nahmen schließlich 16 die Herausforderung an.

Der Vertriebsleiter hatte mit keinem Wort den Umsatzrückgang oder die Verkaufsgespräche erwähnt. Sein ungewöhnlicher Vorschlag lenkte seine Mitarbeiter von ihrer Depression ab. Sie konzentrierten sich auf die neue Herausforderung, Fallschirm zu springen.

Zwei Wochen später hatten 14 der 16 Verkäufer ihre Ausbildung durchlaufen und waren gesprungen. Fünf weitere sprangen eine Woche später, und drei weitere in der darauffolgenden Woche. Nun stellte sich bei den Verkäufern seit langer Zeit wieder ein gutes Selbstwertgefühl ein. Sie hatten das Gefühl, etwas besonders zu sein. Keine andere Vertriebsgruppe, die sie kannten, war Fallschrim gesprungen. Es fiel ihnen eigentlich überhaupt niemand in der Branche ein, der so etwas tat.

Dann geschah das Entscheidende: Das Selbstvertrauen kehrte zurück. Wenn sie Fallschirm springen konnten, so glaubten die

Verkäufer, dann würden ihnen auch andere Dinge gelingen. Sie tätigten wieder mehr Anrufe, sogar mehr als vor der Pensionierung des Präsidenten, und konnten die Umsätze wieder steigern. Aus diesen Erfolgserlebnissen schöpften sie neues Selbstvertrauen, und der Aufwärtstrend verfestigte sich. Merkwürdigerweise verbuchten diejenigen, die nicht gesprungen waren, dieselben Erfolge. Sie waren von der Stimmung der anderen angesteckt worden. Dies war ein deutliches Zeichen dafür, daß die Depression eine Unternehmenskrankheit gewesen war.

Nicht immer muß man zu so drastischen Mitteln greifen, um die Depressionen eines Unternehmens zu heilen. Glücklicherweise gibt es noch andere Mittel zur Ablenkung, als Fallschirm zu springen. Manchmal können Unternehmen auch mit ganz einfachen Dingen auf andere Gedanken gebracht werden.

Depressive Organisationen tendieren dazu, sich in bestimmte Gedankengänge zu verbeißen, die wiederum die Depression verfestigen. Wenn es gelingt, diese Denkmuster zu durchbrechen, hat man möglicherweise schon für die nötige Ablenkung gesorgt und den Heilungsprozeß eingeleitet. Bei *Texaco* gelang dies einem Mann mit einer einzigen Rede.

1984 verlor *Texaco*, Inc., einen Prozeß gegen Pennzoil. Das Gericht verurteilte Texaco dazu, 11,1 Mrd. Dollar Schadenersatz an Pennzoil zu zahlen. Kurz darauf meldete Texaco Vergleich an. Drei Jahre später übernahm James W. Kinnear das Ruder. Der Konzern befand sich noch im Vergleichsverfahren, und das Management mußte einen Großteil seiner Energie und knappen Mittel dafür aufwenden, Übernahmeversuche abzuwehren.[2] Verglichen mit anderen Ölgesellschaften rangierte Texaco in jeder nur möglichen Hinsicht an letzter Stelle. Kein Wunder, daß die Moral sehr schlecht war. Kinnear übernahm eine zutiefst depressive Organisation.

Er leitete seine Behandlung mit einer Überraschung ein. Er verkündete, daß er eine Rede vor dem gesamten Konzern halten wolle, und teilte den Texaco-Niederlassungen auf der ganzen Welt das genaue Datum mit. Dank der modernen Kommunikationstechnologien konnte weltweit jeder einzelne Konzernangehörige die Rede hören. Die Mitarbeiter waren überzeugt, daß sie ohnehin schon wüßten, was sie zu hören bekämen: Kritik, Entlassungsankündigungen, die Aufforderung zu härterer Arbeit und höherer Produktivität.

Sie irrten sich. In seiner Rede gratulierte Kinnear ihnen dazu, wie sie mit dem Druck der vorangegangenen Jahre zurechtgekommen waren. „Sie sollten stolz auf sich sein", meinte er. Kinnear versprach seinen Mitarbeitern, ihr Durchhaltevermögen bald zu belohnen, und umriß dann eine Vision für die Zukunft des Konzerns.

Nun kam Kinnear zu Schritt zwei: Er sorgte dafür, daß kleine Erfolge auf speziellen Zielmärkten erzielt wurden. Diese Siege waren nicht allzu schwer zu erringen und hatten den gewünschten Effekt: Die Texaco-Mitarbeiter fühlten sich schon zuversichtlicher. Sie gewannen allmählich wieder Vertrauen in ihre eigenen Fähigkeiten.

Mit einigen weiteren kleinen Erfolgen war der Konzern nun für den letzten Teil der Behandlung gerüstet: einen wichtigen Sieg. Dieser kam mit der Einführung eines neuen Benzinzusatzes namens System 3. Die Entwicklung dieses Produktes hatte umfangreiche Investitionen erfordert und war nicht ohne Risiko gewesen. Aber System 3 wurde von den Kunden angenommen. 1989 gehörte die Depression bei Texaco der Vergangenheit an. Der Konzern wies einen Gewinn von 2,4 Mrd. Dollar aus.[3]

Die oben beschriebene Technik eignet sich auch für Kleinunternehmen, wie das folgende Beispiel zeigt. Ein Hersteller für *Bodybuilding-Geräte* hatte Schwierigkeiten bei der Entwicklung seiner Hochtechnologie-Linie. Die Firma hatte vorgehabt, als erste mit einem Gerät auf den Markt zu gehen, bei dem hydraulische Ventile als Widerstand eingesetzt wurden. Aber dann war sie nur der dritte Anbieter gewesen. Die Umsätze blieben weit hinter den Erwartungen zurück, und die Firma trieb immer tiefer in die Depression.

Die Mitarbeiter begannen bald, Entlassungen zu befürchten. Ausgerechnet in dieser Situation lenkte der Präsident großen Unmut auf sich: Er befahl, daß bis auf weiteres alle Mitarbeiter eine Stunde früher zur Arbeit kommen sollten. In dieser Stunde sollten sie an den Geräten trainieren, die sie herstellten. Selbst die Bodybuilder unter den Mitarbeitern waren entsetzt, denn damit wurde ihr eigener Fitneßplan durcheinandergebracht. Die Mitarbeiter beschwerten sich, und manche drohten sogar mit Kündigung. Aber die unpopuläre Aktion hatte eine wichtige Auswirkung: Sie durchbrach die Depression und verschaffte dem Präsidenten Zeit, einen neuen Marketingplan auszuarbeiten.

Zuerst jedoch führte er Phase zwei durch, nämlich das Selbstgefühl der Mitarbeiter zu stärken. Er entwickelte einen neuen Entlohnungsplan, nach dem eine Steigerung der körperlichen Fitneß, gemessen nach objektiven Kriterien, mit einem Gehaltsbonus belohnt wurde. Mehrere Mitarbeiter qualifizierten sich sofort aufgrund der täglichen obligatorischen Trainingsstunde.

Der neue Marketingplan konzentrierte sich auf eine Marktnische, die das Unternehmen vorher nicht beachtet hatte: den Firmenmarkt. Sobald der Plan in Kraft trat, wurden die täglichen Pflichtübungsstunden abgeschafft. Phase drei war abgeschlossen, als das Unternehmen einen wichtigen Anteil an diesem neuen Markt eroberte.

Das eigene Wohlergehen nicht aus den Augen verlieren

Wenn Sie in einer Organisation, die an einer psychischen Störung leidet, Veränderungen herbeiführen möchten, sollten Sie auch etwas für Ihr eigenes emotionales Wohlbefinden tun. Sie können nichts ausrichten, wenn Sie sich von der Krankheit anstecken lassen. Dies trifft für alle neun Störungen zu, besonders aber für die Depression.

In Kapitel 12 beschreiben wir mehrere Techniken, die Ihnen helfen, eine „Atmosphäre des persönlichen Wohlbefindens“ zu schaffen.

Zusammenfassung

Zur Heilung eines depressiven Unternehmens muß der Zyklus der Depressionen in drei Schritten durchbrochen werden:

1. Lenken Sie das Unternehmen von seiner Depression ab.
2. Sorgen Sie dafür, daß sein Selbstwertgefühl steigt.
3. Ermöglichen Sie einen wichtigen Erfolg.

Literatur

[1] *Hickman, Craig R./Silva, Michael A.* (1984): „Creating Excellence“ (New York: New American Library, 1984). S. 26–27.

[2] „Corporate Raiders: Icahn's $340 Mio. Payoff“, *Time*, 13. Februar 1989, S. 63.

[3] „A Winning Vision: Selling Your Way Back From Disaster“, *Success*, Mai 1990, S. 14.

8 *Die Flucht vor der eigenen Unsicherheit* – Suchtverhalten

Seid berauscht, doch nicht vom Wein,
taumelt, doch nicht vom Bier!
Jesaja 29,9

Jede Form der Sucht ist schlecht, ob das Betäubungsmittel nun Alkohol, Rauschgift oder Idealismus ist.
Carl Gustav Jung

Ein Unternehmen, das an einer Suchtkrankheit leidet, legt ähnliche Symptome wie ein Alkohol- oder Drogenkranker an den Tag. Die süchtige Organisation befindet sich in einem Rauschzustand. Sie ist in irgendeiner Form abhängig. Tief in ihrem Inneren mag sie sich eingestehen, wie schädlich ihre Sucht ist, aber nach außen hin gibt sie selten zu, daß sie ein Problem hat. Bei einer Konfrontation reagiert sie mit Leugnen.

Noch weniger als Organisationen, die an anderen Störungen leiden, ist das süchtige Unternehmen in der Lage, seine Krankheit objektiv zu analysieren. Es will Gefahren einfach nicht sehen, und wenn es noch so eindringlich gewarnt wird. Es verschließt Augen und Ohren und will keine guten Ratschläge hören, weder von Fachleuten aus dem Unternehmen noch von anderen. Fakten spielen keine Rolle. Das Unternehmen redet sich ein, daß alles bestens läuft, auch wenn die Fehlschläge sich häufen.

Überraschenderweise ist die Moral oft bestens. Die Mitarbeiter sagen: „Es ist alles in Ordnung. Es läuft großartig bei uns!“ Das klingt nach dem manischen Verhalten. Und tatsächlich ähneln sich die Manie und das Suchtverhalten oberflächlich, was hauptsächlich an dem hochfliegenden Enthusiasmus liegt, der bei beiden Störungen auftritt.

Es gibt aber einen wichtigen Unterschied. Manische Organisationen glauben aufrichtig an ihre Unbesiegbarkeit; sie glauben, daß ihnen alles gelingt. Süchtige Unternehmen dagegen haben nur *scheinbares* Vertrauen in ihre Fähigkeiten. Bei näherem Hinsehen entdeckt man schnell Unsicherheit und Selbstzweifel. Hier liegt der Schlüssel für das Verständnis des Suchtverhaltens: Das Unternehmen flüchtet in den Rausch, um die eigene Unzulänglichkeit nicht eingestehen zu müssen. Die Sucht ermöglicht es ihm, Fehler zu vergessen, denen es sich im nüchternen Zustand stellen müßte. Aber es ist ein schlechter Tausch. Über kurz oder lang führen die ungelösten Probleme in die Katastrophe. So wie ein Alkohol- oder Drogenabhängiger wird auch eine betäubte Organisation früher oder später in ernste Schwierigkeiten geraten.

Die folgenden Merkmale sind charakteristisch für ein süchtiges Unternehmen:

- Unfähigkeit zur Selbstkritik,
- Selbstzweifel,
- Unsicherheit,
- Abhängigkeit.

Ein klassischer Fall – Tailhook 91

Die Gefahr ist groß, daß die Mitglieder einer süchtigen Organisation das Gefühl haben, sie seien nicht mehr für das verantwortlich, was in ihrem Umfeld geschieht. Sie sehen nicht ein, warum sie Entscheidungen und Ereignisse kritisch analysieren sollten. Sie sind so weit, daß sie einfach bei allem mitmachen, was in der Organisation für normal gehalten wird. Dies war die eigentliche Tragödie beim Tailhook-Skandal 1991.

Die Tailhook Association ist eine private Vereinigung mit engen Beziehungen zur US-Marine. Ihre Mitglieder sind aktive und pensionierte Marinepiloten, und ihre Veranstaltungen werden von der Marine offiziell unterstützt. Das Jahrestreffen, das seit etwa 20 Jahren im Las Vegas Hilton abgehalten wird, ist nicht nur bei Vereinsmitgliedern ein beliebtes Ereignis, sondern auch bei höheren

Marineoffizieren, Kongreßangehörigen und Vertretern aus der Wirtschaft.

Heute ist bekannt, daß die Jahrestreffen im Laufe der Zeit außer Kontrolle gerieten. Auf dem dritten Stock, auch „drittes Deck“ genannt, gab es zahlreiche Suites, in denen Alkohol, Striptease und Prostituierte die Hauptrolle spielten. 1986 erfanden die Teilnehmer des Treffens ein neues Spiel, das sie „Fehdehandschuh“ nannten. Dazu stellten sie sich im Flur des dritten Stocks auf, lauerten den Frauen, die aus dem Auszug kamen, auf, um sie zu packen, zu betatschen und ihnen die Kleider vom Leib zu reißen. Beim Treffen im Jahr 1991 war eines der Opfer dieses „Spiels“ zufällig eine Marineoffizierin und Assistentin des Admirals. Sie ging mit der Geschichte an die Öffentlichkeit.

In süchtigen Organisationen ist die Versuchung groß, selbst für die unmöglichsten Vorfälle eine rationale Erklärung zu suchen. Genau dies geschah im vorliegenden Fall. Die höheren Offiziere fanden, daß es sich einfach um einen harmlosen Dummejungenstreich handelte. Als die Frau ihrem Vorgesetzten, dem Admiral, von dem Vorfall berichtete, war seine Antwort: „Was erwarten Sie denn, wenn Sie es mit einem Haufen betrunkener Piloten zu tun haben?“ Ein Jahr später waren diese rationalen Erklärungen noch immer im Umlauf. Der Generalstabschef der Luftwaffe wurde 1992 vor dem Kongreß im Zusammenhang mit einer anderen Angelegenheit zu dieser Sache befragt. „Was bei dem Tailhook-Treffen geschah“, so antwortete er, „war doch nur das, was man von einem Haufen Leutnants erwartet, die zusammensitzen und zuviel trinken.“[1]

Die Ermittlungen zu dem Vorfall von 1991 ergaben, daß das Verhalten der Teilnehmer seit Jahren bekannt war und geduldet wurde. In dem darauffolgenden Aufruhr wurde der Marinesekretär zum Rücktritt gezwungen, und der Admiral, der seine Assistentin gemaßregelt hatte, erhielt eine saftige Strafe.

Aber wie hatte es überhaupt so weit kommen können? Wie konnte sich eine Gruppe von ansonsten äußerst disziplinierten Mitgliedern zu einem solchen Verhalten hinreißen lassen?

Der Tailhook Association-Fall ist ein beinahe klassisches Beispiel dafür, wie süchtige Organisationen sich verhalten. Das hat wenig damit zu tun, daß die Missetäter tatsächlich betrunken waren. An der Wurzel einer jeden Sucht liegen, unabhängig vom jeweiligen Betäubungsmittel, immer Selbstzweifel und Unsicherheit. Auf den ersten Blick mag es wenig glaubhaft erscheinen, daß Marinepiloten, die sich schon in Hunderten von gefährlichen Flügen bewährt haben, an Selbstzweifeln oder Unsicherheit leiden könnten. Wir glauben aber, daß genau dies der Fall war.

Der Vorfall ereignete sich zu einem Zeitpunkt, als sämtliche Streitkräfte mit der Forderung unter Druck gesetzt wurden, Frauen zu Kampfeinsätzen zuzulassen, auch in der Luftwaffe. Für viele Angehörige der Streitkräfte ist dies eine höchst umstrittene Frage. Der Kampfeinsatz ist eine der letzten großen Bastionen des männlichen Kriegers, und die Kampfflieger gelten als die Elite der Streitkräfte. Viele Soldaten, die sich zum Einsatz in Kampfflugzeugen melden, tun dies zumindest teilweise wegen des damit verbundenen Machoimages. Die Streitkräfte ihrerseits tun alles, um dieses Image und den damit verbundenen Mythos aufrechtzuerhalten. Sie glauben, daß sich der Zusammenhalt der Männer auf diese Weise stärken läßt und die Effektivität im Kampf steigt. Die männlichen Mitglieder der Streitkräfte, vor allem die Piloten, brauchen dieses Kampfimage. Die Möglichkeit, daß Frauen diese Aufgaben ebenfalls übernehmen könnten, empfinden sie als bedrohlich. Diese Art von Unsicherheit führte, so glauben wir, zu dem Rauschverhalten bei Tailhook.

Vielleicht spielte in diesem Zusammenhang auch eine sehr wichtige Rolle, daß während der Jahresversammlung von 1991, genau am Tag des skandalösen Vorfalls, mehr als tausend Piloten an einem Nachmittagsseminar teilnahmen, bei dem sie Gelegenheit hatten, den Führungskräften in der Marine Fragen zu stellen. Eine Pilotin hatte gefragt, warum Frauen keine Kampfeinsätze fliegen dürften. Die Reaktion im Publikum war hochemotional. Auf den Tonbandaufnahmen waren Pfiffe, Hohngelächter und zornige Ausrufe verzeichnet. Die anwesenden Autoritäten sahen einander ziemlich ratlos an. Die Tatsache, daß sie nicht einmal versuchten, die Flucht in das Suchtverhalten an diesem Nachmittag zu kontrollieren, trug wahrscheinlich zu den späteren Ereignissen des Tages bei.

Suchtverhalten bei Apple

In schnell wachsenden Unternehmen ist das Suchtverhalten besonders verbreitet. Ein Beispiel dafür ist Apple.

Apple kann zwar eine beneidenswerte Erfolgsgeschichte vorweisen, hatte aber auch immer eine unheilvolle Tendenz zum Suchtverhalten. Bei Apple war es beispielsweise selbstverständlich zu behaupten, man kenne die Bedürfnisse des Kunden besser als diese selbst. Diese anmaßende Haltung verdeckte aber nur eine massive Unsicherheit. Weder Steve Jobs noch Steve Wozniak, die jungen Gründer von Apple, hatten einen Collegeabschluß, keiner verfügte über fachliche oder Führungserfahrungen, die er in leitender Position in einem Großunternehmen erworben hätte. Es waren einfach zwei talentierte Männer, die vor ein paar Jahren die High School beendet und dann in einer Garage eine milliardenschwere Gesellschaft aufgebaut hatten. Als großer Konzern sah sich Apple nun einer gewaltigen Konkurrenz auf dem PC-Markt gegenüber, einschließlich der eines Giganten wie IBM. Apple hatte den PC-Markt überhaupt erst geschaffen, doch mittlerweile war er gesättigt.

Apple reagierte mit der Einführung eines neuen PC, der den Namen Lisa erhielt. Lisa war als geschlossener Kasten konstruiert, der sich nur mit einem Spezialwerkzeug öffnen ließ. „So können die Kunden den PC nicht aufschrauben", lautete die Begründung. Apple wies außerdem darauf hin, daß die Kunden jegliche Garantieansprüche verwirkten, wenn sie es trotzdem wagen sollten, den Computer zu öffnen. Aber damit nicht genug, es wurden noch weitere interessante Entscheidungen getroffen: Apple verlangte den stolzen Preis von 10 000 Dollar für Lisa und lieferte den PC dafür mit unwirksamen Cursortasten, die dem Käufer keine andere Wahl ließen, als eine Maus zu benutzen. John Sculley, der neue Chef, erinnerte sich später: „Steve (Jobs) entschied, was die Kunden benötigten.“[2] Allerdings entschieden sich die Kunden anders. Die Gewinne fielen um 80 Prozent, und die Aktien sanken von 63 auf 23 Dollar.

Apple betrachtete diesen Rückschlag jedoch lediglich als kleinen Ausrutscher und änderte nichts an der zugrundeliegenden Betäubung. Zwei Jahre später wurde der Macintosh eingeführt. Die ersten Geräteserien, die ausgeliefert wurden, ließen sich jedoch nicht vernetzen. Die Kunden hatten zwar klar und deutlich nach Netzwerken verlangt, aber Apple hatte anders entschieden. Auf Befragen gaben die leitenden Führungskräfte bei Apple Antworten, die typisch für das Suchtverhalten sind: „So haben wir das immer gemacht“, und „Wir wissen schon, was wir tun.“

Aber die Apple-Manager wußten es nicht. Sie rechneten mit einem Absatz von 80 000 bis 100 000 Macs monatlich und mußten sich dann mit weniger als 20 000 zufriedengeben. Am Schluß hatte Apple 2,5 Mrd. Dollar und Steve Jobs sein Unternehmen verloren.

Bezeichnenderweise hatte schon lange vor Apple ein anderes bekanntes Unternehmen ein ganz ähnliches Suchtverhalten an den Tag gelegt. In den zwanziger Jahren beklagten sich die Kunden bei Ford, daß ihnen keine Farbauswahl geboten wurde. Henry Ford, ebenfalls ein Self-made-Man, entgegnete: „Die Kunden können jede Autofarbe haben, die sie wollen ... vorausgesetzt, es ist schwarz.“ Erst als Tausende von Kunden zu General Motors abwanderten, änderte Ford seine Politik.

Die Behandlung des Suchtverhaltens

So schädlich sich das Suchtverhalten auswirken kann, so wirkungsvolle Behandlungsmethoden gibt es. Mit den folgenden drei Methoden haben wir große Erfolge erzielt:

1. Konfrontation nach vorherigem Beziehungsaufbau,
2. Vergangenheit-Gegenwart-Zukunft-Therapie,
3. Schocktherapie.

Konfrontation nach vorherigem Beziehungsaufbau

Die Behandlung erster Wahl ist die, eine kranke Organisation mit ihrem Suchtverhalten zu konfrontieren. Leider sind damit einige Schwierigkeiten verbunden. Die wenigsten Menschen hören gerne zu, wenn man ihnen sagt, daß ihr Unternehmen ein Suchtproblem habe. Die Konfrontation mit der Realität, wie wir sie bei der Behandlung der Paranoia angewandt haben (Kapitel 5), funktioniert hier kaum. Die suchtkranke Organisation hat den Bezug zum normalen Verhalten schon so weit verloren, daß sie nicht mehr davon zu überzeugen ist, rational auf eine Konfrontation einzugehen. Um sie zum Zuhören zu bewegen, muß man zuerst eine Beziehung herstellen.

Eine Beziehung bedeutet in diesem Fall ein harmonisches Verhältnis, in dem beide Seiten einander wohlgesonnen sind. Nehmen wir an, Sie diskutieren mit einem Gesprächspartner, der eine völlig andere Meinung als Sie vertritt. Trotzdem könnte es ihm gelingen, Sie von seiner Meinung zu überzeugen. Vielleicht wissen Sie später nicht einmal mehr genau, was er überhaupt gesagt hat. Aber dafür erinnern Sie sich um so besser an die angenehm harmonische Beziehung, die im Lauf des Gesprächs entstand. Ein ähnliches Beispiel: Bestimmt haben Sie sich schon einmal über eine Bemerkung geärgert, die Sie völlig unberührt gelassen hätte, wenn sie aus dem Munde irgendeines anderen gekommen wäre. Welche Gründe gibt es dafür? Ganz einfach: Wir akzeptieren eine Aussage viel eher, wenn sie von einer Person stammt, zu der wir eine Beziehung aufgebaut haben.

Glücklicherweise gibt es eine einfache und zuverlässige Methode, um Beziehungen herzustellen. Sie funktioniert sogar, wenn Sie die betreffende Person gerade erst kennengelernt haben, und auch dann, wenn Sie keine Gemeinsamkeiten zu haben scheinen. Die Methode zeigt außerdem fast unmittelbare Wirkung.

Diese „Wunder"-Technik heißt Spiegeln: Sie bedeutet nichts anderes, als daß Sie Ihr Verhalten mit dem Ihres Gegenübers in Einklang bringen. Sie verwenden dieselben Worte und sprechen in ähnlichem Tempo und Tonfall. Sie passen Ihre Atemfrequenz an seine an. Sie spiegeln seine Bewegungen und seine Körperhaltung.

Dabei ist es sehr wichtig, wie Sie das tun. Gleichen Sie Ihr Verhalten allmählich an, denn der andere könnte sich lächerlich gemacht fühlen, wenn Sie ihn plötzlich und abrupt einfach nachahmen. Fangen Sie langsam an, Ihre Stimmlage zu verändern, damit sie der Ihres Gegenübers ähnlich wird. Passen Sie Ihren Atemrhythmus an. Bauen Sie Sätze und Aussagen Ihres Gesprächspartners in die eigenen Bemerkungen ein, und greifen Sie sein Vokabular auf. Kopieren Sie langsam, weder abrupt noch offensichtlich, die Bewegungen des anderen. Wenn er sich mit der rechten Hand die Nase reibt, oder wenn er die Beine übereinanderschlägt, dann tun Sie das auch. Ob er sich aufrecht oder eher nachlässig hinsetzt, Sie nehmen eine ähnliche Position ein. Aber reagieren Sie nicht sofort, sondern folgen Sie den Veränderungen langsam und ganz natürlich.

Die Wissenschaftler wissen nicht genau, warum die Spiegeltechnik funktioniert, aber es ist unumstritten, daß sie funktioniert. Sie scheint in uns die Reaktion auszulösen, daß wir einem Menschen, der uns so ähnlich zu sein scheint, trauen können. Diese Reaktion scheint auch mehr von visuellen und klanglichen Schlüsseln abzuhängen als von der Verarbeitung des Gesprächsinhalts durch das Gehirn.

Das Spiegeln ist eine Eins-zu-Eins-Technik. Wenn Sie Symptome des Suchtverhaltens feststellen, überlegen Sie, wer für die Durchführung einer Behandlung in Frage kommt. Stellen Sie dann in einem Vier-Augen-Gespräch mit Hilfe der Spiegeltechnik eine Beziehung her, damit Ihr Gegenüber Ihr Anliegen aufnimmt. Vielleicht ist es notwendig, daß Sie mit mehreren Personen nacheinander sprechen. Wenn Sie eine obere Führungskraft davon überzeugen können, daß das Unternehmen an einer Sucht leidet, kommt es zum Dominoeffekt, so daß die Realität nach und nach im gesamten Unternehmen akzeptiert wird.

Vergangenheit-Gegenwart-Zukunft-Therapie

In der berühmten Weihnachtsgeschichte von Dickens nahmen die Geister der Vergangenheit, Gegenwart und Zukunft den alten Scrooge mit auf die Reise. Auch Sie können so vorgehen, wenn Sie eine Organisation zwingen wollen, sich der Konsequenzen ihres gegenwärtigen Fehlverhaltens bewußt zu werden.

Ein amerikanischer Importeur, der in Japan neue Produkte suchte, lernte auf der Straße einen jungen Mann kennen, der Aquarelle für jeweils drei Dollar verkaufte. Der Importeur dachte sofort, daß diese in den Vereinigten Staaten ein Verkaufsschlager werden könnten, und fragte durch seinen Dolmetscher nach dem Preis bei einer Abnahme von monatlich zehntausend Stück.

Der Dolmetscher erklärte: „Wenn Sie 10 000 Aquarelle pro Monat abnehmen, kostet das Stück fünf Dollar."

„Das muß ein Mißverständnis sein. Er hat das falsch verstanden. Fragen Sie ihn noch einmal."

Der Dolmetscher wiederholte die Frage und wandte sich dann an den Amerikaner. „Er sagt, wenn Sie zehntausend Stück pro Monat kaufen, kosten sie fünf Dollar. Er hat nur einen kleinen Betrieb zu Hause, und seine Arbeiter können zur Zeit nur 1 000 Stück pro Monat herstellen. Wenn er zehntausend liefern soll, muß er seinen Betrieb vergrößern und mehr Leute einstellen. Er muß mehr Material einkaufen, und er wird eine Menge zusätzlicher Scherereien haben, sagt er. Deshalb möchte er pro Stück zwei Dollar extra."

Aus dieser Antwort sprechen Selbstzweifel und Unsicherheit. Der Verkäufer klammerte sich an seine kurzsichtige Verkaufsstrategie. Es handelte sich um einen Fall von leichtem Suchtverhalten.

Durch seinen Dolmetscher fing der Importeur nun an, den Verkäufer so geschickt zu behandeln, wie die Geister es mit Scrooge getan hatten. Er erzählte von den Träumen des Verkäufers, die er zu Beginn seines Berufslebens bestimmt gehabt hatte. Mit etwas

Phantasie malte der Importeur ein Zukunftsbild, wie es viele ehrgeizige junge Menschen haben und in dem Wohlstand, Prestige und die Annehmlichkeiten des Lebens eine große Rolle spielen. Er überschlug die Zahlen kurz im Kopf, um das derzeitige Einkommen des Verkäufers zu schätzen und verglich das armselige Ergebnis mit seinen früheren Träumen. Schließlich redete er über die Zukunft. Wenn der Verkäufer weiterhin nur 1 000 Drucke monatlich verkaufen würde, wäre er im Alter ein armer Mann. Ihm und seiner Frau ginge es um keinen Deut besser als heute. Seine Kinder wären so ungebildet und arm wie er selbst, ohne Chance auf ein besseres Leben, und vielleicht wären sie sogar gezwungen, ihren Lebensunterhalt auf dieselbe Art und Weise zu verdienen.

Diese Behandlung war für den Verkäufer sehr schmerzhaft, aber sie funktionierte. Der Amerikaner mag den Japaner aus Eigeninteresse behandelt haben, aber immerhin konnte er ihn heilen.

Die Vergangenheit-Gegenwart-Zukunft-Therapie funktioniert, weil sie die Organisation zwingt, sich den Konsequenzen ihres Verhaltens zu stellen. Wenn Sie in die Vergangenheit zurückgreifen und Ihre Argumentation über die Gegenwart und Zukunft ausrollen, haben Sie eine solide Grundlage, um Ihr eigentliches Anliegen vorzubringen.

Wie Sie diese Therapie in Ihrer Organisation durchführen, hängt weitgehend von Ihrer Stellung ab. In einer höheren Position haben Sie die Möglichkeit, Ihre Mitarbeiter zu einem informellen Gespräch einzuladen, in einer untergeordneten Position kann es sinnvoller sein, einen schriftlichen Bericht zu verfassen und Ihrem Vorgesetzten vorzulegen. Wenn das gesamte Unternehmen eine Behandlung benötigt, Sie aber nicht die erforderlichen Befugnisse haben, bitten Sie darum, dem Führungsgremium eine formale Präsentation machen zu dürfen. Dann schießen Sie los: mit Grafiken, Beispielen, Daten. Beschönigen Sie nichts, sondern stellen Sie die Lage dramatisch dar. Ihr Ziel heißt, den Patienten aus seiner Betäubung aufzurütteln und auf Veränderungen vorzubereiten.

Die Schocktherapie

Die Schocktherapie ist der Vergangenheit-Gegenwart-Zukunft-Therapie sehr ähnlich. Beide Methoden haben das Ziel, den Patienten aus seiner Betäubung zu reißen. Mit der Schocktherapie lösen Sie ein vorübergehendes Trauma aus, das die Organisation aus ihrer Starre holt und zwingt, über ihre Handlungsweise nachzudenken. Das Trauma selbst richtet keinen Schaden an, weil es nur vorübergehend ist und von alleine wieder verschwindet.

Während des Kalten Krieges trug die Strategic Air Command (SAC) die schwere Verantwortung für die Planung eines möglichen nuklearen Vergeltungsschlages. Die Leistungsanforderungen waren in diesem Teil der Atomstreitkräfte extrem hoch. So wurde beispielsweise bei Bombenabwürfen aus 9000 Metern Höhe eine Zielabweichung von höchstens einigen Metern geduldet. Die Flugbesatzungen mußten ihre Zeitvorgaben nach Minuten erfüllen, selbst wenn sie schon Tausende von Kilometern zurückgelegt hatten. Das tägliche anspruchsvolle Training und unangekündigte Inspektionen, die jederzeit möglich waren, garantierten, daß alle Einheiten rund um die Uhr einsatzbereit waren.

Ein hochangesehenes Bombergeschwader hatte in den zwölf Jahren seines Bestehens nie eine Inspektion verpatzt. Es war die einzige Einheit im SAC, die bei den jährlich stattfindenden Bomberwettkämpfen dreimal die Fairchild Trophy gewonnen hatte. Während der Kubakrise glänzte sie durch unübertroffene Schnelligkeit bei der Bereitstellung von Flugzeugen in der Luft und am Boden.

Im Lauf der Zeit jedoch berauschte sich die Einheit am eigenen Erfolg. Die Einstellung machte sich breit: „Warum arbeiten wir eigentlich so hart, wenn wir ohnehin unschlagbar sind?“ Die Trainingsergebnisse verschlechterten sich bald, was aber für völlig unwichtig gehalten wurde. Eines Tages traf ohne vorherige Ankündigung ein Prüfungsteam ein, und die gesamte Einheit wurde bei der Simulation eines Kampfeinsatzes getestet. Als die Ergebnisse bekannt wurden, staunten die Besatzungen und das technische Personal gleichermaßen darüber, daß sie den Test nicht bestanden hatten. Da sie aber von ihrem früheren Ruhm immer noch berauscht waren, interpretierten sie diesen Mißerfolg als einmaligen Ausrutscher. Sie wußten, daß sie drei Monate später erneut getestet würden.

Mehrere Tage später tauchte ein Jet der US-Luftwaffe auf dem Radar auf. Er war weder im Flugplan der Einheit verzeichnet noch vom Heimatflughafen angekündigt worden. Der Pilot beantragte die Landegenehmigung und erhielt sie umgehend. Als er ausstieg, stellte er sich als der neue Geschwaderkommandant vor. Seine erste Handlung war die, den für die Flugsicherheit zuständigen Offizier auf der Stelle zu entlassen, weil er ein möglicherweise feindliches Flugzeug bis zur Klärung seiner Identität nicht isoliert hatte. Als der neue Kommandant auf dem Weg zum Befehlsstand war, breitete sich wie ein Lauffeuer die Meldung aus: Achtung, unbekannter Oberst im Anmarsch. Er entließ etwa die Hälfte der Offiziere, denen er unterwegs begegnete!

Es handelte sich um eine Schocktherapie in Reinform. Sie riß die Einheit endlich aus ihrem Zustand der Betäubung.

Der neue Befehlshaber verlangte Leistungen, die viele gestandene Piloten für unmöglich hielten. Einige ältere, langsamere Piloten quittierten den Dienst. Der neue Befehlshaber war bereit, jeden zu versetzen, der den Wunsch dazu äußerte, und einige nahmen sein Angebot auch an. Aber diejenigen, die blieben, waren von der Sucht geheilt. Bald schöpfte die Einheit ihr Potential wieder voll aus, was sich in den täglichen Bombenabwurfübungen und anderen Bestandteilen des Routinetrainings zeigte. Die nächste Inspektion wurde mit der höchsten Punktezahl absolviert, die je erzielt worden war. Nachdem die Einheit ihre frühere Leistungskraft wiedererlangt hatte, konnte der Oberst auf mildere Arzneien umsteigen.

Diese Geschichte illustriert zwei wichtige Faktoren, die bei der Anwendung der Schocktherapie eine Rolle spielen. Zunächst einmal muß die Behandlung von einem hochrangigen Mitglied der Organisation durchgeführt werden, weil sonst der notwendige

Schockzustand nicht erzeugt werden könnte. Sie brauchen nicht unbedingt der Geschäftsführung anzugehören, aber Sie sollten die Führungsverantwortung für eine untergeordnete Einheit tragen. Denken Sie daran, daß positive Ergebnisse in der gesamten Organisation Aufmerksamkeit finden, auch wenn der Anfang bescheiden ist.

Außerdem hat das Beispiel gezeigt, daß die Therapie dann am besten wirkt, wenn Sie neu in einer Organisation sind – eine unbekannte Größe. Dieser Faktor verstärkt die Wirkung der Schockbehandlung beträchtlich.

In der Regel raten wir von der Schocktherapie ab, wenn Sie der Organisation schon eine Zeitlang angehören, weil Sie ernste Probleme bekommen könnten, wenn Sie Ihren Führungsstil von heute auf morgen umkrempeln oder ohne Vorwarnung die Leistungsanforderungen anheben. Es besteht die Gefahr, daß Sie nicht ernst genommen werden. Unter derartigen Umständen führt die Schocktherapie zu Frustrationen, Disziplinproblemen und anderen Schwierigkeiten, mit denen Sie dann zusätzlich zur eigentlichen Krankheit fertig werden müssen. Nur in Extremsituationen, in denen andere Behandlungsmethoden fehlgeschlagen sind, kann es nötig sein, diese Risiken einzugehen.

Der Grundsatz des Wahrnehmungskontrastes

Unabhängig davon, welche Behandlung Sie anwenden, sind Unternehmen eher bereit sich zu verändern, wenn ihnen diese Aufgabe leicht erscheint. Dies trifft besonders im Fall des Suchtverhaltens zu, das ja durch starke Minderwertigkeitsgefühle gekennzeichnet wird. Ein Unternehmen, das ohnehin an seinen Fähigkeiten zweifelt, wird sich bereitwilliger an eine einfache als an eine schwierige Arbeit machen. Ebenso wird sich eine unsichere Organisation mit höherer Wahrscheinlichkeit verändern, wenn ihr die Veränderung geringfügig erscheint. Sie sollten also versuchen, den Umfang des notwendigen Wandels so darzustellen, daß er bei niemandem die Angst hervorruft, überfordert zu werden.

Das gelingt Ihnen mit dem Grundsatz des Wahrnehmungskontrastes. Einfach ausgedrückt, hat der Wahrnehmungskontrast etwas mit einer Grundtatsache der Psychologie zu tun. Wir bewerten Dinge, indem wir sie mit anderen, ähnlichen Dingen vergleichen. Durch den Vergleich erscheinen sie dann anders, als es der Fall gewesen wäre, wenn wir sie unabhängig voneinander wahrgenommen hätten. Ein einfaches Beispiel: Geben Sie jemandem ein Glas Wasser. Wenn er es abgestellt hat, geben Sie ihm einen Krug mit Wasser. Der Krug wird ihm, weil er vorher nur ein Glas gehalten hat, weit schwerer vorkommen.

Welche Bedeutung hat dieses Prinzip für die Behandlung des Suchtverhaltens? Denken Sie an den japanischen Aquarellverkäufer. Zuerst arbeitete das Kontrastprinzip gegen den Importeur. Der Verkäufer fand, daß seine Probleme nur zunehmen würden, wenn er mehr Aquarelle produzierte. Der Amerikaner brachte ihn jedoch dazu, seine Jugendträume mit seiner armseligen Gegenwart zu vergleichen, wodurch die Gegenwart und Zukunft noch schlimmer erschienen als sie tatsächlich waren. Der Importeur hätte die Wirksamkeit seiner Vergangenheit-Gegenwart-Zukunft-Therapie weiter steigern können, indem er Beispiele von Unternehmen angeführt hätte, die mit großem Erfolg 100 000 Aquarelle monatlich herstellen. Wenn er danach wieder die Zahl von 10 000 erwähnt hätte, wäre sie schon viel weniger furchteinflößend erschienen.

Zusammenfassung

Obwohl das Suchtverhalten in mancherlei Hinsicht an die Manie erinnert, sind es unterschiedliche Störungen. Das an einer Sucht erkrankte Unternehmen weiß zwar, daß es sich selbst schadet, nimmt aber die Gefahren trotzdem nicht zur Kenntnis und leugnet sie oft. Deshalb können wir nicht dieselben Behandlungsformen anwenden wie bei der Manie. Folgende Therapiemethoden sind wirkungsvoll:

1. Konfrontation nach vorherigem Beziehungsaufbau,
2. Vergangenheit-Gegenwart-Zukunft-Therapie,
3. Schocktherapie.

Achten Sie bei der Behandlung darauf, daß Sie mit der Konfrontation erst dann beginnen, wenn Sie eine Beziehung hergestellt haben. Ein suchtkrankes Unternehmen hat sein Gleichgewicht verloren und würde sich ohne entsprechende Vorbereitung gar nicht auf eine Konfrontation einlassen. Schließlich läßt sich die Wirksamkeit der Therapiemethoden weiter steigern, wenn Sie mit dem Wahrnehmungskontrast arbeiten.

Literatur

[1] *Healy, Melissa* (1992): „U.S. Military Chiefs Oppose Combat Roles for Women“, *Los Angeles Times*, 31. Juli 1992, S. A-1, A-20.

[2] *Sculley, John* (1989): *Meine Karriere bei PepsiCo und Apple* (Düsseldorf 1989).

9 *Das könnte man noch besser machen* – Das zwanghafte Verhalten

Ich befand mich fest im Griff des Zwangs, jener finsteren, zur unpassenden Zeit auftretenden Besessenheit, die Frauen dazu treibt, mitten in der Nacht das Haus zu putzen.
James Thurber in There's a Time for Flags

Mir scheint, dieser Mann wird nur von einem Gedanken getrieben, und das ist der falsche.
Samuel Johnson in James Boswell's The Life of Samuel Johnson, LL.D. *(1770)*

Die Psychologen unterscheiden zwischen Zwangsvorstellungen, also Gedanken, die sich einem Patienten ständig wider Willen aufdrängen, und *Zwangshandlungen*, die er wider Willen durchführt. Wenn beide Phänomene gleichzeitig auftreten, was häufig der Fall ist, dann leidet der Kranke unter zwanghaftem Verhalten. Das hört sich kompliziert an, ist aber leichter zu verstehen, wenn wir die beiden Symptome getrennt betrachten. Wenn ein Mensch von einem Gedanken besessen ist, kann er sich mit nichts anderem mehr beschäftigen; seine Gedanken kehren immer wieder an einen bestimmten Punkt zurück. Bei der *Zwangshandlung* nimmt der Patient gewohnheitsmäßig immer wieder eine Handlung vor, selbst wenn sie völlig sinnlos ist.

Diese Krankheit kann bei Menschen zu merkwürdigen Verhaltensweisen führen. In Unternehmen äußert sie sich in der Form, daß man einem bestimmten Anliegen eine völlig überzogene Bedeutung beimißt. Meist handelt es sich dabei um das erbarmungslose Streben nach Perfektion.

Der Acton Metals Company gelang es, den Manager Joe Edgar aus einer weit größeren Firma abzuwerben. Edgar hatte an seinem alten Arbeitsplatz mit großem Erfolg ein Total Quality Programm eingeführt. Die Herstellungskosten waren um 18 Prozent gesunken und die Reklamationen deutlich zurückgegangen. Joe machte sich in seiner neuen Position unverzüglich daran, einige der Programme einzuführen, die in der alten Firma so gut funktioniert hatten. Er kreierte einen neuen Slogan – „Perfektion jeden Tag" – und ließ ihn in allen Büros anbringen. Das Ziel hieß, Perfektion in jeder Hinsicht zu erreichen. Monatlich wurden Qualitätskontrollen durchgeführt, über deren Ergebnisse dem Topmanagement berichtet wurde.

Leider kam es immer wieder vor, daß jemandem ein Patzer unterlief. Die Mitarbeiter bekamen bald zu spüren, daß ihre Fehler als schweres Vergehen galten. Schnell fanden sie heraus, daß sie am wenigsten Schwierigkeiten bekamen, wenn sie jedes Risiko ausschalteten. Sie strebten also „Perfektion" an, indem sie Entscheidungen, deren Konsequenzen sie nicht hundertprozentig voraussagen konnten, vermieden oder zumindest aufschoben.

Nach zwei Jahren litt die Firma an einem ausgeprägten Zwangsverhalten. Joes Kontrollen bestätigten, daß die Zahl der Fehler zurückgegangen war – leider aber waren gleichzeitig auch die Moral, die Gewinne und die Marktanteile gesunken.

Es bedurfte keiner komplizierten Analyse, um bei Acton Metals folgende Symptome festzustellen:

- ein ausgeprägter Perfektionismus; keine Leistung war je gut genug,
- Fehler wurden bestraft,
- Entscheidungen wurden häufig aufgeschoben oder ganz vermieden.

Der Perfektionismus ist zwar die häufigste Erscheinungsform des zwanghaften Verhaltens in Unternehmen, aber nicht die einzige. Wir kennen eine Firma, die sich auf die Idee versteifte, ihre Mitglieder müßten Sport treiben, um in bester körperlicher Verfassung zu sein. Beinahe jeder Manager war Marathonläufer. Die Firma förderte eine Reihe von sportlichen Aktivitäten und ermutigte alle Mitarbeiter nachdrücklich, daran teilzunehmen. Eine gute Kondition ist natürlich grundsätzlich wünschenswert, aber in diesem Unternehmen hatte sie Priorität vor allem anderen. Einstellungen und Beförderungen hatten weniger mit der fachlichen Qualifikation als mit sportlichen Höchstleistungen zu tun. Jedem Mitarbeiter wurden persönliche Fitneßziele gesetzt, und wenn sie verfehlt wurden, drohten negative Konsequenzen. Der Zeitpunkt kam, an dem sich dieses Verhalten rächte. Während die Führungskräfte Fitneßrekorde aufstellten, umwarben die Konkurrenten in aller Ruhe ihre Kunden. Erst eine teure Umstrukturierung leitete schließlich die Wende ein. Die meisten der früheren Manager mußten die Firma verlassen. Wir müssen aber zugeben, daß sie alle, mit wenigen Ausnahmen, in bester Form waren und blendend aussahen.

Manager mit Zwangsverhalten

Nicht immer muß ein psychologisches Leiden bei den Managern an der Unternehmensspitze beginnen. Die meisten Krankheiten, die in diesem Buch beschrieben werden, können auf jeder Stufe ausbrechen. In der Theorie könnte auch das zwanghafte Verhalten auf jeder Ebene beginnen. In der Praxis geht es aber fast immer von den höherrangigen Führungskräften aus, ganz einfach deshalb, weil sie die Macht haben, ihre Perfektionsansprüche durchzusetzen. Wenn ein Manager zu Zwangsvorstellungen neigt, hat er die Macht, seine Ansprüche seinen Untergebenen aufzuzwingen, etwa einer Arbeitsgruppe, einer Abteilung oder dem ganzen Unternehmen.

Zwanghafte Manager sind meist Perfektionisten. Sie sind so mit Details beschäftigt, daß ihre Ansprüche niemals befriedigt werden können. Jedes Projekt, ob wichtig oder unwichtig, wird viel öfter als nötig geprüft. Das kostet natürlich Zeit, so daß immer wieder Termine platzen. Es fällt den Führungskräften schwer, Entscheidungen zu treffen, weil sie ja perfekt sein müssen. Letztlich werden mit dem Streben nach Perfektion nur Negativergebnisse erreicht: nicht eingehaltene Termine, verschwendete Ressourcen und eine niedrige Moral. Nicht selten tritt genau das ein, was die Manager mit ihrem verzweifelten Perfektionismus zu verhindern suchten.

Ein Beispiel dafür ist Norwest:

Die Norwest Company war ein Bauunternehmen mit bestem Ruf für Qualitätsarbeit. Schon wenige Jahre nach seiner Gründung hatte das Unternehmen den Sprung zum dominierenden Anbieter im oberen Marktbereich geschafft, hauptsächlich deswegen, weil die hervorragende Qualität sich unter den Kunden schnell herumgesprochen hatte. Das Geschäft blühte. Wenn ein Bauherr nur das Beste wollte, beauftragte er Norwest, und Norwest erfüllte seine Ansprüche zuverlässig.

Die treibende Kraft bei Norwest war der junge Präsident und Gründer Jonathan Norwest. Als er das Unternehmen nach zehn Jahren verkaufte, lautete sein einziger Rat an den Nachfolger George Fintter, jederzeit nur perfekte Arbeit zu leisten. Vermutlich meinte er damit lediglich, daß Fintter die bekannt hohen Qualitätsstandards halten sollte. Leider nahm dieser ihn allzu wörtlich.

Fintter war besessen von dem Anspruch, absolute Perfektion zu erreichen, und Norwest war ein willkommenes Vehikel dafür, seine Vorstellungen durchzusetzen. Er prägte einen Slogan, den er überall im Firmengebäude anbringen ließ und auch in der Werbung verwendete: „Wo Perfektion zur Routine wird – Norwest". Er führte Maßnahmen ein, die seiner Forderung Nachdruck verleihen sollten. Die Mitarbeiter wurden für jeden Fehler bestraft, für den sie verantwortlich waren. Das geringfügigste Versehen mußte noch in dem Augenblick, in dem es jemandem unterlief, behoben werden. Die Mitarbeiter machten Überstunden, um banale Fehler auszubügeln.

Die gesamte Korrespondenz, die die Firma verließ, mußte perfekt sein und jeder Brief von einem Vorgesetzten genehmigt werden. Als es noch keine Textverarbeitungsprogramme gab, tippten die Schreibkräfte einen Brief oft immer wieder, bis er endlich genehmigt wurde.

Fintter entwickelte auch eigens ein Kontrollsystem, um die Fortschritte auf dem steinigen Weg zur Perfektion zu messen und graphisch darzustellen. Die Beschäftigten, die sich Fintters Normen und Anweisungen nicht unterwerfen wollten oder konnten, wurden entlassen. Es dauerte nicht lange, bis die gesamte Firma sich nur noch darauf konzentrierte, Fintters Definition von Perfektion zu erfüllen. Norwest wurde schnell krank. Ein Mitarbeiter meinte: „Bei Norwest ist es weit wichtiger, perfekt zu sein, als sich um die Kunden zu kümmern." Als Norwest sich der sogenannten „Perfektion" tatsächlich annäherte, waren die Kosten schon dramatisch gestiegen. Daraufhin erhöhte Norwest die ohnehin schon stolzen Preise. Fintter fand, daß dies durchaus angemessen sei. Er holte seine Tabellen hervor und wies nach, daß das Unternehmen perfekter wurde.

Merkwürdigerweise wurde die Produktqualität in den Augen der Kunden um so schlechter, je „perfekter" Norwest wurde. Immer häufiger wurden Nachbesserungen verlangt. Terminüberschreitungen, die es früher fast nie gegeben hatte, häuften sich. Der Ruf der Firma wurde langsam, aber sicher ruiniert. Sie verlor ihre Kunden und mußte sechs Monate später Konkurs anmelden.

Kranke Organisationen

Das Beispiel Norwest zeigt, wie die Zwanghaftigkeit eines einzelnen Managers auf das ganze Unternehmen übergreifen kann. Wenn die Krankheit erst einmal Fuß gefaßt hat, entwickelt sie ein Eigenleben, das weiterexistiert, wenn der kranke Manager schon längst gegangen ist.

In einem erkrankten Unternehmen treten folgende destruktive Tendenzen auf:

- Jeder Manager sieht seinen Untergebenen ständig über die Schulter, um Fehler zu entdecken.
- Die Beschäftigten kommen zum Schluß, daß es am besten ist, keinerlei Initiative zu ergreifen.

- Niemand ist bereit, Risiken einzugehen.
- Innovationen werden für unwichtig gehalten.
- Der Entscheidungsprozeß ist gefährlich verlangsamt.

Es liegt auf der Hand, daß sich diese Tendenzen auf die Moral, die Produktentwicklung, den Ideenreichtum und die gesamte Energie des Unternehmens negativ auswirken. Wie kann eine solche Firma überleben?

Sicherlich ist Ihnen schon aufgefallen, daß ein derartiges Mikromanagement große Ähnlichkeit mit den Merkmalen eines neurotischen Unternehmens aufweist. Die Symptome sind zwar dieselben, doch die Therapie muß an einem völlig anderen Punkt ansetzen. Wenn Sie in einer zwanghaften Firma das Verstärkungsprinzip anwenden (Kapitel 6), finden die von der Krankheit betroffenen Manager garantiert eine Methode, um jedes einzelne Detail zu überprüfen, egal, welchen Aufwand dies bedeutet.

Ein zwanghaftes Unternehmen erkennen Sie immer daran, daß es behauptet, keine Fehler zu machen. Dies ist einer der Gründe, warum uns der Begriff *Nullfehler* stets Schauer über den Rücken jagt. Natürlich spricht nichts dagegen, wenn Manager hundertprozentige Mängelfreiheit als Ziel anstreben, solange sie sich bewußt sind, daß sie es nicht erreichen werden, zumindest nicht zu ihren Lebzeiten. Von einem Ziel besessen zu sein ist immer gefährlich, auch in bezug auf Spitzenleistungen. Eine gesunde Firma weiß das. Sie versucht zwar fortwährend, sich in vielen Bereichen zu verbessern, erkennt aber auch Fehler als das an, was sie sind: ein notwendiger Begleitumstand des Arbeitslebens.

Die Behandlung der zwanghaften Organisation

Es gibt vier Behandlungsmethoden für die zwanghafte Organisation. Für welche Sie sich entscheiden, hängt von Ihrer Position im Unternehmen ab. Die ersten beiden Methoden eignen sich für Führungskräfte in höheren Positionen, die anderen beiden für untergeordnete Mitarbeiter.

1. Delegation,
2. Entrümpelung von Vorschriften,
3. die Arbeitscharta,
4. die Regeln umgehen.

Mut machen durch Delegation

Häufig ist ein Topmanager oder gar der Firmenchef für das zwanghafte Verhalten einer Organisation verantwortlich. Wenn Sie erkennen, daß Sie selbst die Krankheit ausgelöst haben, stehen die Chancen für eine Heilung sehr gut, denn die Störung ist leicht zu behandeln, zumal Sie über die notwendigen Entscheidungskompetenzen verfügen.

Bei näherer Betrachtung stellen Sie vermutlich fest, daß die nachgeordneten Manager Ihre Zwänge auch schon übernommen haben. Eine Möglichkeit, um sie wieder aus dem Griff dieser Krankheit zu befreien, ist die Delegation. Geben Sie Ihren Managern die Möglichkeit, eigenständig zu handeln.

Tun Sie dies, ohne ihnen über die Schulter zu sehen. Vermeiden Sie es, die Aufgaben, die Sie ihnen übertragen, durch ein falsches Mikromanagement zu überwachen. Machen Sie gleichzeitig deutlich, daß Sie zur Verfügung stehen, wenn ein Manager Hilfe benötigt. Sollte das einmal der Fall sein, dann ziehen Sie sich sofort wieder zurück, wenn das Problem gelöst ist. Setzen Sie hohe

Leistungsmaßstäbe, aber rechnen Sie auch mit gelegentlichen Fehlschlägen. Wenn Sie feststellen, daß Sie einem Manager nicht trauen können, entlassen Sie ihn und stellen Sie dafür einen anderen ein, der nicht kontrolliert werden muß.

Entrümpelung von Vorschriften

Auch wenn Sie nicht die Ursache für die Zwanghaftigkeit in Ihrem Unternehmen sind, können und müssen Sie nach Mitteln suchen, um es davon zu befreien. Die Krankheit hat sich vielleicht schon jahrelang unmerklich und tückisch ausgebreitet, aber durch entschlossenes Handeln kann sie zum Stillstand gebracht werden.

Überprüfen Sie zunächst so objektiv wie möglich alle Richtlinien, Vorschriften und Verfahren, die für die Organisation wichtig sind – und schaffen Sie dann 75 Prozent davon ab. Oder auch alle. Entrümpeln Sie, wo es nur möglich ist. Der Zweck dieser Maßnahme besteht darin, der Organisation die Grundlagen ihres zwanghaften Verhaltens zu entziehen.

Ermutigen Sie gleichzeitig Ihre Mitarbeiter, sich auf ihre Ziele zu konzentrieren, statt darauf, Risiken aus dem Weg zu gehen. Machen Sie deutlich, daß manche Fehler auch positive Seiten haben. Es wird einige Zeit dauern, bis Ihre Maßnahmen greifen, denn die wenigsten Mitarbeiter werden Ihnen sofort glauben, daß Sie es wirklich ernst meinen. Sie können den Prozeß aber beschleunigen, indem Sie den Beschäftigten zu ihren Fehlern gratulieren und die positiven Aspekte einer Panne herausstreichen.

Vielleicht finden Sie es abwegig, Mitarbeitern zu ihren Fehlern auch noch zu gratulieren. Dann können Sie von Thomas J. Watson, Jr., Gründer von IBM, etwas lernen. Er ließ einen neuen Manager, der der Firma gerade einen Verlust von 10 Mio. Dollar beschert hatte, zu sich rufen. „Ich weiß schon, warum Sie mich hergebeten haben“, sagte dieser zu Watson. „Sie wollen mich rausschmeißen.“

„Sie rausschmeißen!“ rief Watson. „Warum um alles in der Welt sollte ich das tun? Wir haben gerade 10 Mio. Dollar in Ihre Ausbildung investiert!“

Der Schulbuchverlag *Allyn and Bacon* wurde nach dem amerikanischen Bürgerkrieg von Lehrern gegründet, die Büchernarren waren. Zu Beginn der achtziger Jahre erzielte das Unternehmen einen Jahresumsatz von 30 Mio. Dollar. Aber es war eine zwanghafte Firma geworden, geführt von Managern, die sich weniger um die Mitarbeiter kümmerten als darum, wie man mit ihrer Hilfe noch mehr Geld scheffeln könnte. Es heißt, daß die unteren Führungskräfte sogar über Stifte und Büroklammern Buch führen mußten.[1] Viele Mitarbeiter kündigten, und die anderen organisierten sich gewerkschaftlich. Erst als Bernard Krauss, ehemaliger Chef von Esquire, das Unternehmen kaufte, begann der Heilungsprozeß. Obwohl Allyn and Bacon noch mit ganz anderen Schwierigkeiten kämpften, behandelte Krauss dieses spezielle Problem erfolgreich, indem er die Vorschriften entrümpelte. Die Mitarbeiter konnten endlich sinnvolle Arbeit leisten, statt Büroklammern zu zählen.

Aber auch wenn Sie nicht an der Spitze des zwanghaften Unternehmens stehen, gibt es Behandlungsmöglichkeiten. Da die Störung sich normalerweise von oben nach unten fortpflanzt, müssen Sie zuerst lernen, Ihren Chef zu führen. Dazu gibt es zwei geeignete Techniken: die Vereinbarung einer exakten Aufgabenbeschreibung und eine vorsichtige Umgehung der Vorschriften, falls Sie sich auf dem betreffenden Gebiet als Experte ausweisen können.

Die Arbeitscharta

Eine Arbeitscharta ist im wesentlichen eine schriftliche Aussage über Ihre Aufgaben am Arbeitsplatz. Darin werden Ihre Verantwortungsbereiche sowie die Ihres Vorgesetzten auf einem bestimmten Gebiet definiert. So kann jeder schwarz auf weiß nachlesen, was von ihm erwartet wird.

Eine solche Arbeitscharta ist nicht mit einer Arbeitsplatzbeschreibung identisch, die oft so allgemein gehalten ist, daß sie zur tatsächlichen Verantwortung im Berufsalltag wenig aussagt. Eine Arbeitscharta führt dagegen Ihre Rechte und Pflichten detailgenau auf und definiert die Schwerpunkte Ihrer Arbeit. Die spezifischen Aufgaben und die Ergebnisse, die Ihr Vorgesetzter erwartet, werden klar umrissen. So wissen Sie beide genau, woran Sie sind.

Diese Technik wird von Unternehmensberatern routinemäßig zu Beginn eines jeden Auftrags angewandt, ebenso in der klinischen Praxis der Psychologie. Vor Beginn einer Therapie bespricht der Psychologe gemeinsam mit dem Patienten die Ziele der Behandlung. Auf diese Weise weiß der Patient, welche Richtung die Therapie nehmen soll, und er hat das beruhigende Gefühl, nicht ausgeliefert zu sein. Die „Charta“ ist ein Bestandteil der Behandlung und erleichtert sie.

Die Small Business Administration (SBA) fördert an vielen Universitäten ein neuartiges Programm. Es dient dazu, den Kontakt zwischen ratsuchenden Kleinunternehmen und Betriebswirtschaftsstudenten herzustellen, die im Studium schon weit fortgeschritten sind oder sich schon in der Abschlußphase befinden. Im allgemeinen leisteten die studentischen Beratungsteams von Anfang an hervorragende Arbeit, aber gelegentlich beschwerten sich die „Mandanten“ auch. Es hieß dann beispielsweise: „Der Bericht der Studenten war hervorragend, aber im Grunde nicht das, was wir eigentlich wollten.“ Schließlich erkannten die Verantwortlichen bei der SBA, daß es sich in diesen Fällen um ein Mißverständnis handelte. Die „Berater“ täuschten sich einfach in den Erwartungen des Mandanten. Die SBA löste das Problem schnell und einfach durch eine schriftliche Arbeitscharta, wie sie auch von den professionellen Beratern verwendet wird.

Angeregt vom Erfolg des SBA-Programms empfahlen auch wir im Rahmen unserer Beratungsarbeit den Managern, eine Arbeitscharta zu verfassen, wenn sie neue Aufgaben oder neue Verantwortungsbereiche übernahmen. Bald entdeckten wir, daß diese Technik in zwanghaften Unternehmen besonders wirkungsvoll war. Das schriftliche Dokument eignet sich sehr gut dafür, die Zwänge zu durchbrechen. Es zwingt Ihren Vorgesetzten, sich mit der Frage auseinanderzusetzen, was er *tatsächlich* von Ihnen erwartet. Auf diese Weise wird er auch besser zwischen den wirklich wichtigen Dingen und zwanghafter Kleinkrämerei unterscheiden können.

Mit der Annahme, daß wir als erste auf die Idee mit der Arbeitscharta gekommen seien, täuschten wir uns. Als wir alte Vorlesungsaufzeichnungen aus der Claremont Graduate School lasen, fanden wir heraus, daß Peter Drucker dieselbe Idee weit früher hatte. Drucker schlug schon 1976 vor, daß jedes neue Arbeitsverhältnis mit einer solchen Charta begonnen werden sollte. Hatte Drucker diesen Gedanken nun von seiner Theorie des „Management by Objectives" abgeleitet oder war es umgekehrt? Wir wissen es nicht genau. Aber es steht fest, daß mit der Idee schon beachtliche Erfolge erzielt wurden. Natürlich ist eine Arbeitscharta nur ein Teil der gesamten Behandlung, aber immerhin ein Teil, der bei Vorgesetzten gut ankommt. Dabei macht es keinen Unterschied, ob Sie gerade in die Firma eintreten oder schon seit Jahren beschäftigt sind. Die Möglichkeit, sich mit Ihrem Chef an einen Tisch zu setzen und eine Charta zu erarbeiten, steht Ihnen jederzeit offen.

Die Regeln umgehen

Zwanghafte Unternehmen sind leicht daran zu erkennen, daß Tausende von Verfahren, Regeln und ungeschriebene Gesetze vorschreiben, wie das Ziel der Perfektion im einzelnen erreicht werden kann. Viele dieser Vorschriften sind unnötig, sogar kontraproduktiv. Wenn Sie nach dem Sinn und Zweck der einzelnen Regeln fragen, erhalten Sie selten eine Antwort.

Ein solches Unternehmen kann behandelt werden, indem die Regeln umgangen werden. Beginnen Sie mit einer eher unbedeutenden Vorschrift, um sich danach eine wichtigere vorzunehmen.

Wenn Ihre Kollegen sehen, daß Sie die Regeln brechen, ohne Probleme zu bekommen, werden Sie Mut fassen und es Ihnen gleichtun. So wird den zwanghaften Verhaltensweisen im Unternehmen nach und nach der Boden entzogen.

Damit keine Mißverständnisse aufkommen: Wir sagen nicht, daß Sie aus purem Spaß Vorschriften verletzen sollen. Ihr Ziel heißt, das zwanghafte Verhalten im Unternehmen zu beenden, indem Sie demonstrieren, daß Regeln, die einzig und allein das Ziel der Perfektion gewährleisten sollen, keine Daseinsberechtigung haben.

Als Unternehmensleiter können Sie die Vorschriften ohnehin verändern. Ansonsten ist Vorsicht geboten. Wenn die Krankheit schon in einem fortgeschrittenen Stadium ist, oder wenn die Regel als sehr wichtig gilt, könnten Sie entlassen werden. Um dieses Risiko auszuschalten, müssen Sie sich einen Ruf als Experte auf einem bestimmten Gebiet verschaffen. Auf diese Weise erwerben Sie eine gewisse Macht, die Sie wiederum für die Behandlung des zwanghaften Unternehmens nutzen können.

Einen Expertenruf kann so gut wie jeder Mitarbeiter erwerben. Sie müssen sich nur ein Fachgebiet suchen und dafür sorgen, daß Sie für Ihr Fachwissen anerkannt werden. Eine ältere und höherrangige Führungskraft folgt beispielsweise auch dem Rat eines jungen Rechtsanwalts, der gerade erst in die Firma eingetreten ist. Er mag unerfahren sein, aber dafür gilt er als Rechtsexperte.

Außerdem ist es wichtig, daß Sie im Unternehmen der einzige sind, der über dieses Fachwissen verfügt. Es darf sich nicht mit dem eines anderen überschneiden, vor allem nicht mit dem Ihres Chefs. Wenn Sie im gleichen Fachgebiet wie Ihr Chef tätig sind, sinkt die Wahrscheinlichkeit erheblich, daß er Sie aufgrund Ihres Wissens als Autorität akzeptiert. In einem solchen Fall müssen Sie sich eben weiter spezialisieren. In einer Marketingabteilung beispielsweise müssen Sie sich auf einen Spezialbereich wie Vertrieb oder Marktforschung konzentrieren.

Schließlich gilt es noch eine letzte Voraussetzung zu beachten. Sie müssen Ihr Fachwissen in einem Bereich entwickeln, der für

Ihre Firma wichtig ist. Es wäre wenig zweckmäßig, sich als anerkannte Autorität für Auslandsgeschäfte zu profilieren, wenn Ihre Firma gar keine Auslandskontakte hat und auch keine Möglichkeit sieht, diese aufzubauen. Suchen Sie einen Bereich, der für die Unternehmensziele eine wichtige Rolle spielt.

Es ist gar nicht so schwierig, Experte auf einem bestimmten Gebiet zu werden. Die Begabung alleine ist nicht entscheidend – auch Einstein war in der Schule in Mathematik durchgefallen. Der Zeitaufwand dürfte ebenfalls kein Hindernis darstellen. Bei Xerox wurde die Berufsanfängerin Lois Banks innerhalb von nur fünf Monaten Expertin im Direktverkauf von Bürokopierern. Weniger als ein Jahr nach ihrem Collegeexamen bezog sie ein sechsstelliges Jahresgehalt. Michael Porter war keine 30 Jahre alt, als er an der Harvard Business School als herausragender Wirtschaftsstratege galt. Und Peter Drucker wurde als Spitzenberater anerkannt, bevor er sich selbst überhaupt als Unternehmensberater bezeichnete. Die Armee hatte Drucker, einen jungen Zeitungskorrespondenten Mitte 20, einberufen, weil er Kenntnisse über eine Reihe von europäischen Firmen besaß. Der verantwortliche Oberst rief Drucker zu sich und verkündete, daß er als Unternehmensberater eingesetzt werde.

„Was ist das?“ wollte Drucker wissen.

„Seien Sie nicht unverschämt“, schnappte der Oberst.

„Woraus ich schloß“, berichtete Drucker später, „daß auch er nicht wußte, was ein Unternehmensberater war.“[2]

Wenn nun weder Zeit noch Begabung entscheidende Voraussetzungen dafür sind, Fachwissen zu erwerben, worauf kommt es dann an? Nach unserer Erfahrung sind nur drei Faktoren wirklich wichtig: Wissen, Schulung und Übung. Das Wissen ist die Gesamtheit der Kenntnisse, die in Ihrem Fachbereich wichtig sind. In der Regel lesen Sie sich dieses Wissen an. Mit Schulung vertiefen Sie es dann durch die praktische Anwendung des Gelernten. Durch ständige Übung schließlich festigen Sie Ihr Wissen.

Manchmal sind diese drei Faktoren nicht einmal gleichzeitig erforderlich. Steve Jobs und Steve Wozniak, Gründer von Apple

Computer, hatten das College schon im ersten Jahr wieder verlassen. Beide hatten sich aber alles über Computer beigebracht, was es zu wissen gab, und ihre Kenntnisse dann praktisch angewandt.

Schließlich ist noch zu beachten, daß das Fachwissen alleine nicht ausreicht. Man muß in Ihrer Umgebung auch bemerken, daß Sie ein Experte sind. Wenn man Sie wegen Ihres Fachwissens eingestellt hat, kennt man Ihre Qualifikationen ohnehin. Sind Sie aber nur einer unter vielen in Ihrem Fachbereich, oder haben Sie sich Ihr Fachwissen erst längere Zeit nach dem Firmeneintritt erarbeitet, oder liegt es womöglich ganz außerhalb des Gebietes, auf dem Sie tätig sind, sind vermutlich einige zusätzliche Schritte notwendig.

Wir empfehlen zwei sehr wirksame Methoden, um Ihr Fachwissen bekannt zu machen: schreiben und reden. Vielleicht tun Sie – wie viele Menschen – beides nicht gerne, aber es sind nun einmal die besten Methoden, um sich zu profilieren.

Wenn Sie sich für das Schreiben entscheiden, könnten Sie etwa technische Berichte für das obere Management erstellen oder Artikel in Fachzeitschriften verfassen. Eine Betriebswirtschaftlerin, die lediglich über einen einfachen Collegeabschluß verfügte, wurde in nur drei Jahren zur Chefprognostikerin befördert, weil sie in ihrer Freizeit Trendberichte schrieb. Ein junger Ingenieur wurde Abteilungsleiter, nachdem einer seiner Artikel in einer wichtigen Fachzeitschrift veröffentlicht wurde.

Möglichkeiten, in der Öffentlichkeit als Redner aufzutreten, gibt es ebenfalls genug. Bereiten Sie einen kurzen Vortrag über Ihr Fachgebiet vor, und suchen Sie sich dann ein Publikum: Gruppen innerhalb des Unternehmens, Berufsverbände, Vereine oder ein örtliches College, das Gastdozenten oder Seminarleiter sucht.

Welche Methode auch immer Sie anwenden, stellen Sie Ihr Licht nicht unter den Scheffel. Sobald Sie einen druckfrischen Artikel in den Händen halten oder die Bestätigung für einen Vortragstermin haben, sollten Sie diese Information in der Firma publik machen. Schicken Sie Ihrem Vorgesetzten oder der Public Relations-Abteilung eine Kopie des Artikels oder der Terminankündigung.

Zusammenfassung

Das zwanghafte Verhalten äußert sich in Organisationen häufig in einem erbarmungslosen Perfektionismus. Die Krankheit erstickt jede Innovation im Keim und demoralisiert kreative Mitarbeiter zutiefst.

Zur Behandlung stehen vier Methoden zur Verfügung. Für welche Sie sich entscheiden, hängt von Ihrer Position im Unternehmen ab. Wenn Sie zur Geschäftsleitung gehören, schaffen Sie so viele Vorschriften wie nur möglich ab. In einer anderen Führungsposition, in der Sie Personalverantwortung tragen, sollten Sie viele Aufgaben an die Manager delegieren. Wenn Sie einer untergeordneten Ebene angehören, ist es für den Erfolg der Behandlung wichtig, daß Sie lernen, Ihren Chef zu führen. Dafür gibt es zwei Methoden: Sie vereinbaren eine Arbeitscharta, und Sie fangen an, die Regeln zu umgehen, wobei Ihnen Ihr anerkanntes Fachwissen den Rücken stärkt.

Literatur

1 *Hickman, Craig R. /Silva, Michael* (1984): A. *Creating Excellence* (New York: New American Library, 1984), S. 61.

2 Diese Begebenheit wurde William A. Cohen im September 1975 an der Claremont Graduate School, Claremont, Kalifornien, erzählt.

10 *Die Nachwirkungen von Katastrophen* – Posttraumatischer Streß

Nicht alles Leid wird vom Himmel geschickt.
Altes jüdisches Sprichwort

Es ist erst vorbei, wenn alles vorbei ist.
Unbekannt.

Anfang 1992 besuchte ein Ingenieur seine Frau in ihrem Büro in Kuwait City. Es war gerade Mittagspause. Minuten später ergab er sich. Er hatte seine Frau und ihren Chef erschossen. Ein Zeuge erklärte: „Es ist *mahjnoun*, der Wahnsinn ... irgendwann raubt er einem den Verstand. Vor zwei Jahren wäre ein derartiger Mord in Kuwait niemals geschehen. Heute passieren solche Dinge andauernd.“[1]

Psychologisch gesehen leidet Kuwait an einem posttraumatischen Streßsyndrom. Wir nennen es der Einfachheit halber Posttrauma. Das *posttraumatische Streßsyndrom* ist eine relativ neue Bezeichnung für ein Phänomen, dem die Psychologen schon seit einiger Zeit auf der Spur sind: Es geht um die schwere emotionale Krise, die auf eine traumatische Erfahrung folgt, manchmal sogar erst geraume Zeit nach dem Ereignis. Ein bekanntes Beispiel aus der jüngeren Vergangenheit sind die Vietnam-Veteranen, denen quälende Kriegserinnerungen das Leben zur Hölle machen. Die Krisenreaktion kann jederzeit ausgelöst werden, manchmal auch durch ein scheinbar völlig zusammenhangloses Ereignis: Ein Kriegsgefangener bringt Jahre nach der Freilassung seine Frau um, ein entlassener Mitarbeiter kehrt mit einem Gewehr bewaffnet an den früheren Arbeitsplatz zurück, und das Opfer einer Naturkatastrophe begeht nach einem ungünstigen Versicherungsbericht Selbstmord.

Auch Unternehmen können an posttraumatischem Streß leiden. Das Syndrom führt bei ihnen zwar selten zu Gewaltausbrüchen, kann aber ihre Funktionsfähigkeit empfindlich beeinträchtigen oder gar zerstören.

Posttrauma in Unternehmen

Welche Ursachen gibt es für ein Posttrauma in einem Unternehmen? Mögliche Auslöser sind:

- die Übernahme durch eine andere Firma,
- der Verlust eines Schlüsselkunden,
- Umstrukturierungsmaßnahmen,
- der Tod einer wichtigen Führungskraft,
- äußere Einflüsse, wie etwa ein Gerichtsverfahren gegen die Firma,
- der Rückruf eines wichtigen Produkts.

Beachten Sie, daß nicht jede traumatische Erfahrung ein Streßsyndrom auslöst. Viele Unternehmen erleiden schwere Schicksalsschläge und gehen daraus beinahe unbeschadet hervor. Andere verkraften Krisen weniger gut. Bei ihnen verursacht das Trauma einen posttraumatischen Streßzustand, der jederzeit unberechenbare Reaktionen auslösen kann. Jedes Unternehmen geht mit seinen Schicksalsschlägen anders um. Wir wollen zwei bekannte Beispiele vergleichen.

Am Morgen des 30. September 1982 machte in Chicago ein Arzt, der Obduktionen durchführte, eine folgenschwere Entdeckung. Drei Personen waren an einer Zyanidvergiftung gestorben. Die Spur des Giftes ließ sich leicht zurückverfolgen: Es war in Tylenolkapseln enthalten gewesen. Die Ermittlungen ergaben schnell, daß dem Hersteller Johnson & Johnson kein Vorwurf gemacht werden konnte, denn die Kapseln waren erst nach Verlassen der Firma manipuliert worden. Für die Verbraucher machte das jedoch keinen Unterschied. Selbst Patienten, die das Medikament schon seit langer Zeit einnahmen, wechselten zu einem „sicheren“

Mittel. In nur zehn Tagen sank der Marktanteil von Tylenol um über 87 Prozent.[2] Branchenbeobachter, Journalisten und Marketingfachleute rieten Johnson & Johnson, sich mit Anstand aus dem Markt zu verabschieden.

Dieser herbe Rückschlag rief in Teilen des Konzerns Symptome des Posttraumas hervor. Manche Manager plädierten für eine harte Linie: Den Konzern traf überhaupt keine Schuld, und nicht einmal Schußwaffenhersteller wurden für die Verbrechen verantwortlich gemacht, die ihre Kunden mit ihren Produkten begingen. Aber die meisten anderen Manager sahen keinen Sinn darin, starrsinnig auf die eigene Schuldlosigkeit zu pochen. Dies war der Wendepunkt. Hätte der Konzern sich auf die harte Linie versteift, wäre nach kurzer Zeit ein ausgeprägtes Posttrauma die Folge gewesen. Vermutlich würde man dann auch heute kein Tylenol in der Apotheke erhalten.

Aber die Konzernlenker verloren keine Zeit, sondern begannen sofort mit der Behandlung. Johnson & Johnson übernahm die volle Verantwortung für die Produktsicherheit und zog sämtliche Kapseln aus dem Verkehr. Der ehrgeizige Plan lautete, das Produkt mit einer Sicherheitsverpackung wieder auf den Markt zu bringen. Innerhalb des Unternehmens wurden Aktionen durchgeführt, um den Zusammenhalt zu stärken. Sowohl mit den Mitarbeitern, wie mit den Kunden wurden neue Kommunikationstechniken angewandt. Sie sollten jederzeit sicher sein können, daß man ihnen zuhörte. Diese Behandlung war so erfolgreich, daß das Produkt schon nach einem Jahr 90 Prozent des vorherigen Marktanteils zurückerobert hatte.

Vergleichen Sie nun diesen Vorfall mit der durch den Öltanker *Valdez* ausgelösten Ölkatastrophe vom 24. März 1989. Der Tanker des Exxonkonzerns lief auf dem Bligh Reef an der Küste von Alaska auf, und 40 Mio. Liter Öl flossen in den Prince William Sund.

Die Konzernleitung war wie vor den Kopf gestoßen. Wie konnte ein Tanker nur auflaufen? Der Kapitän mußte einen Fehler gemacht haben; vielleicht hatte er sich nicht an die Vorschriften gehalten. Oder es war das schlechte Wetter gewesen. Exxon hatte sich doch nichts zuschulden kommen lassen, wie sollte der Konzern da verantwortlich sein? So kam es, daß die Konzernleitung qualvoll lange Zeit benötigte, bis sie handelte, und auch dann unterliefen ihr noch viele peinliche Schnitzer. Ihre schwankende Haltung brachte dem Konzern eine enorm negative Publicity ein. Die Kurse der Aktien fielen, und der Firmenwert sank beträchtlich. Auch die unmittelbar anfallenden Kosten waren immens: zwei Mio. Dollar Reinigungskosten und *1,25 Mrd.* Dollar Schadenersatz als Teil einer Einigung mit der Bundesanklagebehörde.

Ein Jahr nach der *Valdez*-Affäre kam es zu einer weiteren Ölkatastrophe, als in der Pipeline New York-New Jersey ein Leck entstand. Exxon reagierte sofort und leitete umgehend alle zur Säuberung nötigen Maßnahmen ein. Selbst die Küstenwache und die Manager von Clean Harbors, der Firma, die die Notausrüstung für derartige Fälle bereitstellt, gratulierten dem Konzern. Aber weil die *Valdez*-Affäre noch in aller Gedächtnis war, schob man dem Konzern kurzerhand die Schuld zu.

Einem Unternehmen, das an einem Posttrauma leidet, fehlt die psychologische Orientierung. Als Reaktion auf den Streß können die folgenden Symptome auftreten:

- Schock, nicht nachvollziehbare Handlungen oder beides gleichzeitig,
- eine zu starke Beschäftigung mit einem negativen Ereignis der Vergangenheit,
- Entscheidungen, die dem Unternehmensinteresse schaden.

New Technology war eine Beratungsfirma, die Seminare in den Bereichen Marketing, Management und Personalentwicklung anbot. Mit der einsetzenden Rezession gingen die Umsätze zurück. Zuerst kontrollierte das Unternehmen seine Kosten und reduzierte das Seminarangebot, um weiterhin rentabel zu arbeiten. Dann verlor es in nur drei Monaten drei wichtige Kunden und mußte mehr als ein Dutzend Seminare absagen, weil zu wenige

Anmeldungen vorlagen. Durch diese Entwicklung fiel der Umsatz um die Hälfte niedriger aus als erwartet.

Die Reaktion auf dieses Trauma bestand darin, nicht nachvollziehbare und kaum durchdachte Entscheidungen zu treffen. Mitarbeiter wurden wahllos entlassen. Es blieben nicht einmal genug Trainer übrig, um die schon geplanten Seminare abzuhalten. Die Geschäftsleitung lehnte jede neue Idee von vornherein ab und suchte auch keine Neukunden. Die Angst vor zusätzlichen Verlusten war einfach zu groß.

Dann stellte der Präsident in einem verzweifelten Versuch, aus den roten Zahlen herauszukommen, einen Manager ein, der versprach, das Unternehmen in kurzer Zeit wie Phönix aus der Asche auferstehen zu lassen. Sein Zaubermittel hieß Direktwerbung. Der neue Manager stellte wieder Personal ein, um das Direktwerbungsprogramm durchzuführen, doch der Umsatz ging weiterhin zurück. Schließlich wurden auch die letzten Trainer entlassen, weil die Firma vor der Zahlungsunfähigkeit stand. Der neue Manager mußte seinen Hut nehmen, kurz bevor die Firma unterging.

Unternehmen, die an einem Posttrauma leiden, sind nicht in der Lage, ihre volle Leistungskraft zu entfalten. Die Beschäftigten gehen ihrer Arbeit wie in Trance nach. Routineaufgaben werden gerade noch bewältigt, aber sobald unbekannte Situationen und Ereignisse auftreten, kommt es wahrscheinlich zu einem Zusammenbruch. Typisch für diese Krankheit sind deshalb Überreaktionen auf kleine Zwischenfälle, die man in besseren Tagen im Handumdrehen gelöst hätte.

Wenn das Trauma durch eine Umstrukturierung verursacht wird, was häufig der Fall ist, verschärft sich die Streßsituation durch die zahlreichen Veränderungen weiter. Die Mitarbeiter wissen nicht, wie sie mit dem neuen Chef zurechtkommen werden; manche Beschäftigte haben vielleicht schon gekündigt, freiwillig oder unter Druck; und die anderen sind nervös, unsicher und haben vielleicht sogar ein schlechtes Gewissen. Die Gerüchteküche brodelt, und selbst die unwahrscheinlichsten Neuigkeiten werden geglaubt. Währenddessen reden die Beschäftigten ständig von der Vergangenheit.

Dieser Zustand der Orientierungslosigkeit führt dazu, daß schlecht durchdachte Entscheidungen getroffen werden, die oft großen Schaden anrichten. Vielleicht werden Mitarbeiter gegen jede personalpolitische Vernunft entlassen. Aber selbst im Grundsatz richtige Entscheidungen können Millionenverluste verursachen, wenn es bei der Durchführung hapert. Die folgenden Beispiele stehen stellvertretend für viele andere:

- Ein Topmanager befördert eine untere Führungskraft in eine neue Position, ohne die Auswirkungen zu bedenken.
- Ein neues Produkt wird auf den Markt gebracht, ohne daß sich jemand um adäquate Werbemaßnahmen kümmert. Es wird ein Flop.
- Ein Finanzmanager erhält die notwendigen Mittel für das kommende Jahr bewilligt, aber zum falschen Zeitpunkt, so daß ernsthafte Verluste die Folge sind.

Nicht nachvollziehbare Entscheidungen sind ein typisches Merkmal posttraumatischer Unternehmen. Wenn Sie bemerken, daß eine Organisation scheinbar sinnlose Dinge tut, sollten Sie an ein Posttrauma denken. Gehen Sie in die Vergangenheit des Unternehmens zurück. Gab es ein traumatisches Ereignis?

Die folgenden Beispiele illustrieren, welch sinnlose Entscheidungen in solchen Fällen möglich sind:

Anfang der sechziger Jahre entließ die US-Luftwaffe über 1000 Piloten im aktiven Dienst. Fast am gleichen Tag wurde der Bedarf für das darauffolgende Jahr auf 2000 zusätzliche Piloten geschätzt.

In einer großen Wirtschaftsprüfungsgesellschaft wurden zwei hochspezialisierte Wirtschaftsprüfer entlassen. In derselben Woche ging ein Auftrag ein, für dessen Erledigung fünf weitere Wirtschaftsprüfer mit denselben Qualifikationen benötigt wurden.

Ein produzierendes Unternehmen baute den gesamten Bestand eines Haushaltsgerätes bei einer Ermäßigung von 50 Prozent ab – zwei Wochen nach dem Eingang eines Auslandsauftrags über 250000 solcher Geräte. Die Firma mußte den Auftrag ablehnen.

Derartige unberechenbare Handlungen könnten auf ein Trauma zurückzuführen sein:

Das Verteidigungsministerium hatte der Luftwaffe mitgeteilt, daß Budgetkürzungen in weit höherem Umfang als erwartet auf sie zukämen. Die Finanzplaner hatten nur das laufende Jahr vor Augen, ohne an das kommende Jahr zu denken.

In der Wirtschaftsprüfungsgesellschaft hatte man gerade festgestellt, daß die Gemeinkosten unerwartet hoch waren.

Ein Artikel in einem angesehenen Fachblatt hatte das Haushaltsgerät als veraltet bezeichnet.

Die Behandlung der posttraumatischen Organisation

Die folgenden Methoden sind bei der Behandlung eines Posttraumas hilfreich:

- aufeinander aufbauende Ziele setzen,
- den Zusammenhalt stärken,
- Ablenkung verschaffen.

Aufeinander aufbauende Ziele setzen

Die Behandlung erster Wahl beim Posttrauma heißt, aufeinander aufbauende Ziele zu setzen. Der große Vorteil dieser Methode besteht darin, daß sie von jeder Stufe im Unternehmen aus angewandt werden kann. Als Führungskraft fangen Sie auf Ihrer jeweiligen Ebene an, als einfacher Mitarbeiter bei sich selbst. Konzentrieren Sie sich auf kurzfristige, aber wichtige Ziele. Wenn das Trauma durch eine unerwartete Krise ausgelöst wurde, sollten die Ziele so gewählt werden, daß sie zu einer Lösung des Problems beitragen. Wenn Sie beispielsweise mit der Entlassung der beiden

Wirtschaftsprüfer beauftragt worden wären, hätte das Ziel lauten können, einen anderen Weg zur Reduzierung der Kosten zu suchen. Wählen Sie relativ einfache Ziele, die Sie in wenigen Tagen erreichen können. Listen Sie alle Maßnahmen schriftlich auf, die Sie durchführen wollen, und ordnen Sie sie chronologisch und nach ihrer Priorität.

Nun kommt der wichtigste Schritt: Setzen Sie Ihre Ziele um. Reservieren Sie sich täglich etwas Zeit dafür, und führen Sie Tagebuch über die Behandlung. Sie sollten sich in dieser Zeit mit nichts anderem beschäftigen. Wenn Sie Manager sind, sollten Sie darauf bestehen, daß Ihre Mitarbeiter sich ebenfalls an diese Regeln halten.

Sobald Sie die ersten Ziele erreicht haben, setzen Sie drei weitere fest. Sie sollten etwas schwieriger und langfristiger sein, wobei eine Woche ein empfehlenswerter Zeitraum ist. Wenn diese Ziele erreicht sind, suchen Sie weitere drei. Wiederholen Sie diesen Prozeß, bis Sie täglich auf schwierige, langfristige Ziele hinarbeiten. Achten Sie aber immer darauf, daß sie auch erreichbar sind. Es hat keinen Sinn, Ziele vorzugeben, die alle außer Ihnen für unerreichbar halten. Das Geheimnis besteht darin, täglich an wichtigen Unternehmenszielen zu arbeiten.

Für manche Menschen ist die kontinuierliche Verfolgung eines Ziels sogar das wichtigste Erfolgsrezept. Die folgenden Beispiele geben ihnen sicherlich recht:

In San Francisco hätte Richard Thalheimer fast seine kleine Firma verloren, als ein Lieferant nicht in der Lage war, ihm ein Produkt zu liefern, für das er schon geworben hatte. Zuerst löste er das unmittelbare Problem. Dann behandelte er seine posttraumatische Firma, indem er aufeinander aufbauende Ziele setzte. Heute gehören über 80 Einzelhandelsgeschäfte zu Thalheimers Firma The Sharper Image, und der Umsatz im Kataloggeschäft beläuft sich auf einige 100 Mio. Dollar.

Als er mit seinem Restaurant keinen Erfolg hatte, mußte Oberst Harland Sanders von der Sozialhilfe leben. Dann kam er auf die Idee, das Familienrezept für *Kentucky Fried Chicken* an ein Fast-Food-Restaurant zu verkaufen. Es dauerte über drei Jahre, dieses

„kurzfristige“ Ziel zu erreichen, und über 1000 Verkaufsgespräche waren nötig. Aber er unternahm beharrlich jeden Tag etwas und erreichte so sein erstes Ziel. Sein nächster Schritt bestand darin, das Rezept an andere Ketten zu verkaufen.

Im Jahr 1985 begann P. F. Collier and Son, Bücher herauszugeben, die zuerst nur in Buchhandlungen verkauft wurden. Sechs ernsthafte Versuche, die Bücher auch per Katalog zu vertreiben, schlugen fehl. In einem Fall gab die Firma 25 000 Dollar aus und verkaufte magere 18 Buchlieferungen. Der entstandene Verlust entspräche heute einer Mio. Dollar. Dieser Mißerfolg verursachte prompt ein schweres Posttrauma. 1926 leitete Robert Collier, ein Neffe der Gründer, die Behandlung ein, indem er aufeinander aufbauende Ziele setzte. Er wollte zunächst nur ein einziges Produkt über den Katalog vertreiben, nämlich ein Buch über angewandte Psychologie: *The Secret of the Ages*. Sein erstes Ziel lautete, die Werbeanzeigen zu schreiben und in den geeigneten Medien unterzubringen. Zu jenem Zeitpunkt war dieses Buch noch nicht einmal konzipiert. (Diese Art von Testwerbung ist heute verboten, wir raten von einer Nachahmung also ab!) Als genügend Aufträge eingegangen waren, verfaßte er das Buch. Dann setzte er immer höhere Ziele. Auf diese Weise erzielte er innerhalb von sechs Monaten mit einem Buch für 7,85 Dollar einen Umsatz von einer Mio. Dollar. Das Posttrauma verschwand. Das Buch entwickelte übrigens ein Eigenleben: Seit fast 70 Jahren wird es von der Robert Collier Book Corporation per Katalog verkauft und noch heute aufgelegt!

Den Zusammenhalt stärken

Mit dieser Methode sollen die Mitglieder einer Organisation so beeinflußt werden, daß sie in Krisensituationen zusammenrücken und sich gegenseitig beistehen. Auf diese Weise kann auch ein Posttrauma entscheidend gelindert werden.

Ein großer Teil der Forschungsergebnisse zu diesem Thema stammt aus militärischen Studien, die vor dem Zweiten Weltkrieg begonnen wurden. S. L. A. Marshall, Militärhistoriker und Kriegspsychologe, stellte fest, daß Soldaten, die sich näher kennengelernt hatten, mit einer viel höheren Wahrscheinlichkeit gute Leistungen erbrachten als Soldaten, die zufällig zusammengewürfelt worden waren.[3] Außerdem fand er heraus, daß die wichtigste Motivation eines Soldaten zum Kämpfen weder Patriotismus noch Ideologie und nicht einmal der Überlebenstrieb waren. Statt dessen wurde sie aus einem Gefühl der psychologischen Verbundenheit mit den Kameraden genährt. Marshall schloß: „Ich halte folgendes für eine Grundtatsache des Kriegs: Ein Infanteriesoldat ist oft nur deshalb in der Lage, bei seinen Waffen zu bleiben, weil er sich in Gegenwart seiner Kameraden befindet oder zumindest glaubt, sie in der Nähe zu haben.“[4]

Weitere Studien aus jüngerer Zeit haben die Richtigkeit dieser These erhärtet. Eine psychologische Studie mit Düsenbomberbesatzungen ergab, daß die gemeinsam im Flugzeug verbrachte Zeit der wichtigste Faktor für die Leistungsprognose des Teams war. Eine weitere Untersuchung zeigte, daß ein guter Zusammenhalt auch zu besseren Trainingsergebnissen führte. In Einheiten, in denen ein sehr guter Zusammenhalt bestand, kam es oft vor, daß manche Soldaten freiwillig ihre Freizeit opferten, um anderen etwas zu zeigen oder mit ihnen zu üben.[5]

Merkwürdigerweise kann auch das Trauma selbst den Zusammenhalt stärken – so wie Krankheitserreger das Wachstum von Antikörpern stimulieren. Allerdings ist es sehr riskant, ein Unternehmen absichtlich zu traumatisieren. Außerdem ist es überflüssig, denn Sie können den Zusammenhalt leichter und auf weniger gefährliche Weise herstellen.

Dazu muß die Gruppe stolz auf ihre gemeinsam erzielten Leistungen sein. In den Fällen, in denen das Trauma durch schwere Leistungsmängel verursacht wurde, ist das natürlich eine Herausforderung. Aber sie läßt sich leicht bewältigen. Suchen Sie ein Feld, auf dem die Gruppe Hervorragendes geleistet hat, und konzentrieren Sie sich darauf. In diesem einen Bereich kann sie stolz darauf sein, zur „Spitze“ zu gehören.

Dabei spielt es keine Rolle, in welcher Hinsicht sie sich hervorhebt. Viele Firmen behaupten von sich, das beste Produkt herzustellen. Andere rühmen sich, am schnellsten, höflichsten, gründlichsten und kreativsten zu sein. Wieder andere sind stolz darauf, daß sie am härtesten arbeiten, die anspruchsvollsten Aufträge bekommen oder die meisten Überstunden machen. Wir kennen sogar eine Firma, die stolz darauf war, daß sie am meisten Spaß hatte!

Der zentrale Punkt heißt einfach, sich auf das zu konzentrieren, worin die Gruppe die besten Leistungen bringt. Jede einzelne Person soll immer wieder an die Spitzenleistungen der Gruppe erinnert werden. Der sich daraus entwickelnde Stolz hat zur Folge, daß die Gruppe sich immer weniger mit dem Posttrauma beschäftigt.

Wie können Sie dabei nun vorgehen? Nutzen Sie Ihre Phantasie, und vergessen Sie den Humor nicht. Die Möglichkeiten sind praktisch unbegrenzt. Hier einige Vorschläge:

- Schreiben Sie einen Artikel für den firmeninternen Nachrichtenbrief.
- Lassen Sie sich zu einem Vortrag vor einem örtlichen Bürgerverein einladen. Erzählen Sie dabei von den Erfolgen Ihrer Gruppe.
- Verfolgen Sie auch in den Gesprächen mit einzelnen Gruppenmitgliedern Ihr Ziel.
- Denken Sie sich ein Motto aus, und lassen Sie es auf das Firmenbriefpapier drucken.
- Bestellen Sie für alle Gruppenmitglieder Anstecker oder Sticker mit dem neuen Motto.
- Wenn Ihre Gruppe gemeinsam Sport treibt, geben Sie dem Team einen neuen Namen, der zu Ihrem Ziel paßt.
- Laden Sie die ganze Firma am Freitagnachmittag zu einer geselligen Stunde ein, die von Ihrer Gruppe ausgerichtet wird; servieren Sie Eiskrembecher mit „der besten Schokoladensoße der Welt von der besten Buchhaltungsabteilung der Welt."

Der große Vorteil dieser Behandlungsmethode besteht darin, daß sie von jeder Stufe im Unternehmen aus durchgeführt werden kann. Sie verfehlt ihre Wirkung nie, wo auch immer sie ansetzt.

Die Ablenkungstherapie

Diese Methode zielt darauf ab, das Unternehmen von seinem posttraumatischen Zustand abzulenken.

Während der letzten Rezession wurde ein Bereich eines Konzerns von massiven Entlassungsmaßnahmen getroffen. Wir hatten erwartet, daß der Bereich in eine Depression versinken würde, aber wir täuschten uns. Statt dessen wurde er posttraumatisch. Die Mitglieder beschäftigten sich immer wieder mit der guten alten Zeit, die nun unwiderbringlich dahin war. Ein neuer Manager versuchte zwar, die Mitarbeiter dazu zu bewegen, sich mit der Realität auseinanderzusetzen, erzielte aber nur mäßige Erfolge. Vor der Entlassungswelle hatte es beispielsweise zu den Hauptaufgaben der Bereichsmanager gehört, die Kündigungspläne auszuarbeiten. Jetzt, da keine weiteren Entlassungen mehr geplant waren, war es sinnlos, eine detaillierte Personalanalyse weiterzuführen. Die Manager hatten sich jedoch schon so lange Zeit damit befaßt, daß sie nicht in der Lage zu sein schienen, sich auf etwas anderes zu konzentrieren.

Der neue Manager beschloß, die Ablenkungstherapie anzuwenden. Er führte eine Reihe neuer Projekte gleichzeitig ein. Diese nahmen viel Zeit in Anspruch und erforderten den Einsatz sämtlicher Abteilungen des Bereichs. Bald waren alle so beschäftigt, daß sie überhaupt keine Zeit mehr hatten, an die Vergangenheit zu denken oder gar sinnlose Aktivitäten fortzusetzen. Die neuen Projekte waren so umfangreich, daß es unmöglich war, sie alle fertigzustellen. Dies war dem Manager durchaus bewußt, doch er beharrte unerbittlich auf ihrer Durchführung. Bald baten ihn die ihm unterstellten Führungskräfte inständig, seine Vorstellungen nochmals zu überdenken. Sie legten ihm exzellente Analysen vor, um nachzuweisen, welche Projekte erledigt und welche aufgeschoben werden konnten. Der Manager ließ sich, mit einem leisen inneren Lächeln, überzeugen. Alle vorgesehenen Projekte wurden pünktlich und einwandfrei durchgeführt. Zu jenem Zeitpunkt war das Unternehmen schon nicht mehr posttraumatisch.

Es gibt viele Möglichkeiten, um die Ablenkungstherapie anzuwenden. Das zugrundeliegende Prinzip ist immer dasselbe: Sie lenken das Unternehmen von seinem Schock und seiner übermäßigen Beschäftigung mit der Vergangenheit ab. Hier sind einige Techniken, die sich als hilfreich erwiesen haben:

- Geben Sie der betroffenen Organisation eine Aufgabe, die nichts mit den Problemen der Vergangenheit zu tun hat. Diese Technik wandte der neue Manager mit seinen zahlreichen neuen Projekten im vorangegangenen Beispiel an.

- Übertragen Sie der Organisation eine wichtige Aufgabe, mit der sie niemals gerechnet hätte. Wenn beispielsweise die Personalabteilung vorrangig mit Entlassungen beschäftigt war, lassen Sie sie an einem großen Einstellungsprogramm arbeiten.

- Beauftragen Sie die Organisation mit einem großen Projekt, das die Bewältigung von zukünftigen Problemen zum Inhalt hat. Diese Art der Ablenkung kann etwas risikoreicher sein, weil die Mitarbeiter an Probleme erinnert werden könnten, die sie mit dem Posttrauma assoziieren. Aber wenn sie mit genügend Arbeit eingedeckt werden, und wenn Sie weitere Techniken anwenden, um die Moral aufrechtzuerhalten, dann kann diese Methode sehr wirkungsvoll sein.

Zusammenfassung

Das posttraumatische Streßsyndrom oder Posttrauma ist eine Störung, die nach einer schweren Krise oder einer Katastrophe auftritt. Sie kann sich noch beachtliche Zeit nach dem Trauma entwickeln und jederzeit ausgelöst werden. Ein Unternehmen, das unter einem Posttrauma leidet, verfällt entweder in einen schockähnlichen Zustand oder trifft konfuse Entscheidungen, die jeder Vernunft widersprechen.

Die drei Wege zur Behandlung des Posttraumas sind:

1. aufeinander aufbauende Ziele setzen,
2. den Zusammenhalt stärken,
3. Ablenkung verschaffen.

Mit diesem Kapitel schließen wir die Besprechung der neun psychischen Störungen ab, an denen Organisationen leiden können. Im nächsten Kapitel erfahren Sie, wie Sie den Zustand Ihres Unternehmens diagnostizieren können.

Literatur

[1] *Blades, Jon W.* (1988): *Rules for Leadership* (Washington, D. C.: National Defense University Press, 1986), S. 76–78.

[2] *Fineman, Mark* (1992): „Post-Traumatic Stress Leads to Anxiety, Violence in Kuwait", *Los Angeles Times*, 10. August 1992, S. A-1, A-14, A-15.

[3] *Marshall, S. L. A.* (1947): *Men Against Fire* (New York; William Morrow, 1947), S. 42.

[4] *Straub, Christopher C.* (1988): *The Unit First* (Washington, D. C.: National Defense University Press, 1988), S. 6.

[5] „Tylenol Restaging Made Possible By Firm's Solid Research and Consumer Trust", *Marketing News*, 28. Oktober 1983, S. 1.

11 *Wo liegt das Problem?* – Die richtige Diagnose

Den folgenden Ratschlag gebe ich denen, die nach mir leben: Vergewissert euch, daß ihr auf dem richtigen Weg seid – und dann marschiert los.
Davy Crockett

Am Anfang einer Behandlung steht die Diagnose. Von entscheidender Bedeutung ist immer, daß Ihre Diagnose stimmt. Eine falsche Arznei mag noch so stark sein, wenn sie falsch angewandt wird, kann sie den Zustand des Patienten sogar noch verschlimmern. Deshalb ist eine eingehende Analyse der Situation unabdingbar, bevor Sie eine Behandlung einleiten.

Mit der folgenden Geschichte illustriert Stephen R. Covey, wie wichtig die Beachtung dieses Grundsatzes ist:

Nehmen wir einmal an, Sie hätten Probleme mit den Augen und suchen deswegen einen Augenarzt auf. Nachdem er sich kurz Ihre Beschwerden angehört hat, nimmt er seine Brille ab und reicht sie Ihnen.

„Setzen Sie sie auf", sagt er. „Ich habe diese Brille jetzt zehn Jahre getragen, und sie hat mir wirklich geholfen. Ich habe zu Hause noch einen Ersatz; Sie können diese haben."

Also setzen Sie sie auf, aber das macht alles nur noch schlimmer.

„Die ist furchtbar", rufen Sie aus. „Ich kann überhaupt nichts sehen."

„Woran fehlt's denn?" fragt er. „Bei mir funktioniert sie prima. Geben Sie sich ein bißchen mehr Mühe."

„Tue ich ja schon", beharren Sie. „Alles ist ganz verschwommen."

„Was ist eigentlich mit Ihnen los? Denken Sie positiv."

„Okay. Ich habe positiv Null-Sicht."

„Junge, Junge, Sie sind aber ganz schön undankbar", spottet er. „Nachdem ich so viel für Sie getan habe."

Wieviel Vertrauen haben Sie zu einem Arzt, der Ihnen eine Therapie verordnet, ohne auch nur den Versuch einer Diagnose unternommen zu haben? In einem Fall wie dem obigen spielt es auch keine Rolle mehr, daß er freundlich, hochqualifiziert und intelligent ist. Trotzdem verschreiben viele Unternehmensberater routinemäßig Behandlungen, ohne eine exakte Diagnose gestellt zu haben.[1]

Der Gesundheitstest

Wenn Psychologen eine Krankheit diagnostizieren, tun sie dies auf der Grundlage der Symptome. Zuerst finden sie heraus, welche Probleme auftreten. Sie nehmen die Symptome zur Kenntnis und ordnen sie bestimmten Krankheiten zu. Dann können sie mit der Behandlung beginnen.

Das hört sich einfach an, ist aber in der Praxis meist sehr kompliziert. Beispielsweise gibt es Symptome, die bei verschiedenen Leiden auftreten können. Manchmal bestehen auch zwei Erkrankungen gleichzeitig. Aus diesen Gründen war es bisher nur ausgebildeten Psychologen mit jahrelanger Erfahrung vorbehalten, Unternehmen mit Hilfe der klinischen Standardtechniken zu behandeln. Jetzt ist das anders. Wir haben ein spezielles Diagnoseinstrument entwickelt, mit dem auch ein Laie die Symptome erkennen und eine Störung korrekt diagnostizieren kann. Es handelt sich um einen Gesundheitstest in Form eines Fragebogens, den Sie selbst ausfüllen können, ohne über psychologische Kenntnisse oder Erfahrungen zu verfügen. Am Ergebnis des Tests lesen Sie ab, ob Ihr Unternehmen krank ist und wenn ja, an welcher Störung es leidet.

Und so funktioniert es: Der Gesundheitstest enthält 63 Aussagen über Ihr Unternehmen. Sie geben auf einer Skala von 1 bis 5 an, inwieweit die einzelnen Aussagen Ihrer Meinung nach zutreffen. Bei der Auswertung erhalten Sie am Ende neun Einzelergebnisse. Jedes Einzelergebnis über 21 Punkte deutet auf einen möglichen Problembereich hin. Wenn Sie die neun Einzelergebnisse addieren, haben Sie ein Bild vom Gesamtzustand des Unternehmens. Ein Ergebnis von 180 Punkten oder mehr deutet darauf hin, daß etwas nicht stimmt, auch wenn die Einzelergebnisse im „normalen" Bereich liegen. Den Gesundheitstest und den Auswertungsbogen finden Sie in Anhang A.

Vielleicht sind Sie nach der Durchführung des Tests erstaunt, daß Sie ein Problem diagnostiziert haben, obwohl das Unternehmen Ihnen bisher völlig gesund erschien. Dies kann ganz normal sein. Manche psychischen Störungen sind zwar vorhanden, wirken sich aber nicht ernsthaft aus. Sie bilden erst dann eine Gefahr, wenn die Symptome konstant auftreten und schwerwiegend sind.

Unklare Symptome

Es gibt viele Symptome, die bei mehreren Krankheiten auftreten können. Normalerweise beeinträchtigt dies die Aussagekraft des Gesundheitstests nicht, weil wir derartige Möglichkeiten schon berücksichtigt haben. Wenn aber mehr als eine Störung vorliegt, kann es passieren, daß Sie keine klaren Ergebnisse erhalten. Manchmal werden die Ergebnisse auch beeinträchtigt, weil die Symptome nur vorübergehend auftreten. In den seltenen Fällen, in denen der Test nicht eindeutig zwischen den Krankheiten unterscheidet, müssen Sie das tun, was auch ein Psychologe tun würde: Benutzen Sie Ihren gesunden Menschenverstand. Verlassen Sie sich auf Ihre Kenntnis des Unternehmens, und vertrauen Sie auf Ihre Intuition, um zu beurteilen, welche Symptome wichtig sind und welche Sie vernachlässigen können.

Achten Sie dabei nicht nur auf die Ausgeprägtheit der Symptome, sondern auch auf ihre Beständigkeit. Sind sie durchgängig vorhanden, oder treten sie nur sporadisch auf? Nehmen sie an Intensität zu oder ab? Mit Hilfe dieser Fragen kommen Sie der tatsächlichen Störung auf die Spur und können die anderen

Krankheiten, die Sie ebenfalls vermutet hatten, ausschließen. In einem solchen Fall ist Ihre Diagnose zu 90 Prozent abgeschlossen. Wenn Symptomkomplexe ungefähr gleich stark sind und nicht verschwinden, notieren Sie jede Krankheit, für die sie typisch sind.

Anhand der Übersicht auf Seite 167 können Sie Ihr Ergebnis im Schnellverfahren prüfen. Achten Sie beispielsweise darauf, daß die Symptome für das neurotische Verhalten Selbstzweifel, Lähmung, Angst, Nervosität und Handlungsunfähigkeit sind. Vielleicht erinnern Sie sich an mehrere Fälle, in denen Sie eine Entscheidung dringend benötigten, aber die vorgesetzten Manager aufgrund ihrer Entscheidungsunfähigkeit viel zu lange abwarteten. Ein kurzer Blick auf die Zusammenfassung der Symptome in folgende Übersicht zeigt Ihnen, daß Selbstzweifel auch ein Symptom für das Suchtverhalten sind. Gleichzeitig treffen aber die anderen Symptome für das Suchtverhalten auf Ihr Unternehmen nicht zu.

Übersicht: Überblick über die Symptome

Krankheit	Symptome	Beispiele
Manisches Verhalten	Ausgeprägte Stimmungshochs, Enthusiasmus, die Vernachlässigung von Details führt zur Katastrophe.	Unternehmen, das auf der Jagd nach Erfolg wichtige „Details“ übersieht; Siegesgewißheit.
Manische Depression	„Achterbahn“ der Gefühle, extreme Stimmungsschwankungen.	Eine Firma, die stets hinter dem nächsten großen Auftrag herjagt. Nicht nachvollziehbare Entscheidungen, etwa die gleichzeitige Einstellung und Kündigung dringend benötigter Experten.
Schizophrenie	Desorganisation, Chaos, unklare Verteilung von Kompetenzen und Verantwortungsbereichen.	Eine Organisation, der es an einer klaren Struktur mangelt und die sich nur auf ihr Glück verläßt.
Paranoia	Mangel an Vertrauen, starkes Sicherheitsbedürfnis, ausgeprägte Angst vor den Absichten Außenstehender.	Ein Unternehmen, das den eigenen Managern verbietet, ohne Erlaubnis Kundenkontakt zu haben.

Neurotisches Verhalten	Selbstzweifel, Lähmung, Angst, Nervosität, Handlungsunfähigkeit.	Montgomery Wards rasanter Niedergang nach dem Zweiten Weltkrieg.
Depression	Apathie, Energiemangel, fehlende Initiative, Schuldgefühle, der Wunsch aufzugeben.	Ein Unternehmen, das Entlassungen plant, weil der Umsatz zurückgeht oder weil man Angst hat, er könnte zurückgehen.
Suchtverhalten	Unfähigkeit zur Selbstkritik, Abhängigkeit von der Ursache des Suchtverhaltens, Selbstzweifel, Unsicherheit, Rationalisieren.	Ein Unternehmen mit einer destruktiven Kultur oder Philosophie, das den Tatsachen durch ständiges Rationalisieren ausweicht.
Zwanghaftes Verhalten	Keine Leistung ist je gut genug, Perfektionismus, Tendenz, Entscheidungen zu vermeiden oder aufzuschieben.	Vorgesetzte, die unter dem Vorwand eines Total Quality-Programms absolute Perfektion verlangen.
Posttrauma	Schock, nicht nachvollziehbare Entscheidungen, starke Verhaftung in der Vergangenheit.	Eine Firma, die wegen rückläufiger Umsätze Personal entläßt und ohne Personal gar keine Umsätze mehr erzielt.

Wer sollte den Fragebogen beantworten?

Der Gesundheitstest ist ein sehr einfaches Instrument und deshalb auch für Laien geeignet. Wer sollte ihn nun ausfüllen? Die Antwort auf diese Frage hängt weitgehend von Ihrer Stellung im Unternehmen ab.

Wenn Sie eine Führungsposition innehaben, müssen Sie entscheiden, ob nicht nur Sie selbst, sondern auch andere Mitglieder der Organisation den Fragebogen ausfüllen. Immerhin können die Bewertungen anderer außerordentlich vielsagend sein. Ein möglicher Nachteil ist der, daß manchmal schon alleine die Formulierung einer Frage dazu führt, daß man sich einer Sache bewußt wird. Es kommt zur sich selbst erfüllenden Prophezeiung. Dieses Risiko müssen Sie als Führungskraft beurteilen. Für wie schwerwiegend halten Sie die Probleme Ihres Unternehmens? Berücksichtigen Sie auch seine Größe und Struktur. Sind die Mitarbeiter, die Sie für die Durchführung des Gesundheitstests in Betracht ziehen, von ihrer Persönlichkeit her dazu geeignet? Wie sieht es mit Ihrem eigenen Führungsstil aus? Und wie objektiv können Sie sein?

Wenn Sie keine leitende Position innehaben, ist das kein Grund dafür, den Testbogen nicht selbst auszufüllen. Setzen Sie sich danach mit Ihrem Vorgesetzten zusammen und erläutern Sie ihm, was Sie aus diesem Buch über Unternehmenskrankheiten gelernt haben und zu welchen Schlußfolgerungen Sie gekommen sind.

Wie interpretieren Sie die Ergebnisse?

Möglicherweise erhalten Sie ein eindeutiges Ergebnis, wenn Sie den Fragebogen ausgefüllt haben. Am Gesamtergebnis erkennen Sie, daß mit Sicherheit ein Problem besteht, und an den Einzelergebnissen lesen Sie ab, wo es genau liegt. Aber nicht immer liegen die Dinge so einfach.

Manchmal liegt das Gesamtergebnis zwar innerhalb des gesunden Bereichs, aber einer oder mehrere Einzelbereiche weisen auf eine Störung hin. Nehmen wir an, Sie kommen zu folgendem Ergebnis:

Manisches Verhalten	18
Manische Depression	15
Schizophrenie	16
Paranoia	20
Neurotisches Verhalten	34
Depression	16
Suchtverhalten	24
Zwanghaftes Verhalten	13
Posttrauma	12
Gesamt:	168

Das Gesamtergebnis liegt unter 180 und damit im unauffälligen Bereich. Aber das Einzelergebnis für das neurotische Verhalten läßt auf eine Erkrankung schließen. Außerdem verdient auch die Punktezahl für das Suchtverhalten nähere Beachtung. Es ist nicht ungewöhnlich, daß bei einer Krankheit neben den typischen Symptomen noch weitere Anzeichen auftreten. In diesem Fall würden Sie, um mehr Sicherheit zu gewinnen, noch zusätzliche diagnostische Tests durchführen.

Auch das umgekehrte Problem kann auftreten: Das Gesamtergebnis ist zu hoch, während die Einzelergebnisse unauffällig sind. Nehmen wir folgende Ergebnisse an:

Manisches Verhalten	20
Manische Depression	21
Schizophrenie	20
Paranoia	19
Neurotisches Verhalten	21
Depression	21
Suchtverhalten	21
Zwanghaftes Verhalten	20
Posttrauma	18
Gesamt:	181

Eine Gesamtpunktezahl von über 180 weist zwar auf eine Erkrankung hin, aber es ist anhand der Einzelergebnisse nicht möglich, diese zu lokalisieren. Sie liegen so nahe beieinander, daß eine Diagnose alleine aufgrund des Gesundheitstests nicht möglich ist. Glücklicherweise sind solche Ergebnisse selten.

Die Bestätigung der Diagnose

In den beiden vorangegangenen Beispielen ergab der Test keine eindeutigen Ergebnisse. Doch auch in diesen Fällen müssen Sie nicht aufgeben, denn Sie können eine vermutete Diagnose durch weitere Tests überprüfen. Von besonderer Bedeutung ist die Überprüfung der Diagnose natürlich dann, wenn die Ergebnisse nahe beieinander liegen, aber wir empfehlen Ihnen, *jede* Diagnose vor Beginn einer Behandlung nochmals zu bestätigen. Die richtige Diagnose entscheidet schließlich über den Erfolg der Therapie. Auch wenn sie mit den besten Absichten verabreicht wird, kann eine falsche Arznei sehr schlimme Folgen haben.

Tests

Im folgenden Abschnitt werden für jede Krankheit mehrere Tests zur Überprüfung der Diagnose beschrieben. Entscheiden Sie sich für einen oder mehrere Tests, bevor Sie mit der Behandlung beginnen. Sollte sich die ursprüngliche Diagnose nicht bestätigen, müssen Sie sich das Unternehmen nochmals genau ansehen. Sind manche Symptome verschwunden, die Sie beim ersten Durchlauf festgestellt hatten, oder haben Sie sich verändert? Füllen Sie nun den Gesundheitstest auf der Grundlage Ihrer neuen Beurteilung noch einmal aus. Wenn nötig, wiederholen Sie diese Prozedur, bis Sie eine möglichst sichere Diagnose gestellt haben.

Manisches Verhalten

- Weisen die im Unternehmen durchgeführten Projekte zahllose Mängel auf, ohne daß sich jemand um die Folgen dieser Nachlässigkeit kümmert?
- Unterbreiten Sie einen Vorschlag, der nicht ausgereift ist. Wird er sofort und ohne nähere Analyse angenommen? Wird er sogar dann akzeptiert, wenn er mangels Ressourcen gar nicht durchgeführt werden kann?
- Machen Sie Ihren Vorgesetzten einige einfache, unkomplizierte Vorschläge. Werden diese sofort zu grandiosen Projekten aufgebauscht, die mit Ihrer ursprünglichen Absicht nichts mehr zu tun haben?
- Erstellen Sie einige Analysen von Projekten, die bisher nicht analysiert wurden. Stellen Sie dabei fest, daß die Verantwortlichen gar nicht daran interessiert sind, die Projekte allzu genau zu prüfen?

Manische Depression

- Werden in kurzen Abständen immer wieder neue Richtungsänderungen vorgenommen? Wechseln sich enthusiastische Erfolgsmeldungen mit Krisenankündigungen ab?
- Machen Sie einen gut durchdachten, fundierten Vorschlag. Wird er sofort abgewiesen, nur um wenige Tage später mit um so größerer Begeisterung doch akzeptiert zu werden?
- Unterbreiten Sie im Abstand von einigen Tagen zwei sehr ähnliche Vorschläge. Wird der eine sofort akzeptiert, während der andere willkürlich abgelehnt wird?
- Kommt es zu Überreaktionen, wenn Sie einen unbedeutenden Fehler machen, nachdem man Ihnen erst neulich zu einem Erfolg gratuliert hat?

Schizophrenie

- Entwickeln Sie einige einfache, aber nicht der Routine entsprechende Pläne. Versuchen Sie, sie durchzuführen. Treten dabei Probleme auf, die sich auf eine schlechte Organisation, eine mangelhafte Verteilung der Kompetenzen oder eine nicht funktionierende Kommunikation zurückführen lassen?
- Ist die Personalfluktuation hoch?
- Führen auch einfache Probleme regelmäßig zum Chaos?
- Haben Sie Schwierigkeiten, die für eine bestimmte Aufgabe oder Funktion verantwortliche Person zu bezeichnen?

Paranoia

- Tun Sie etwas, was von Ihrem üblichen Verhalten abweicht: Arbeiten Sie am Wochenende, wenn Sie dies bisher grundsätzlich abgelehnt haben, oder melden Sie sich krank, wenn Sie sonst nie wegen Krankheit fehlen. Rufen Sie damit Mißtrauen hervor oder werden gar Verdächtigungen gegen Sie erhoben?
- Erkundigen Sie sich nach Dingen, die nichts mit Ihrem unmittelbaren Arbeitsbereich zu tun haben. Rufen Sie auch damit Mißtrauen hervor?
- Stellen Sie Ihren Kollegen Fragen, die aus dem üblichen Rahmen fallen. Deutet ihre Reaktion darauf hin, daß sie sich nicht trauen, von Routineverfahren abzuweichen?
- Schlagen Sie vor, bestimmte Informationen auch an andere Gruppen in der Firma weiterzuleiten. Wird Ihr Vorschlag abgelehnt, weil man es für gefährlich hält, Informationen weiterzugeben, wenn es nicht absolut notwendig ist?

Neurotisches Verhalten

- Unterbreiten Sie einem Vorgesetzten einen sinnvollen Vorschlag. Erscheint Ihnen seine eventuelle Ablehnung willkürlich? Wendet er sich automatisch an die nächsthöhere Ebene, um dort den Vorschlag prüfen zu lassen?

- Wie lange dauert es, bis das Unternehmen auf Veränderungen im Umfeld reagiert? Wenn es sie gar nicht zur Kenntnis nimmt oder zu spät handelt, liegen Krankheitssymptome vor.
- Sind Überreaktionen auf Probleme oder schlechte Nachrichten häufig?
- Fällt die Reaktion auf einen Vorschlag, zu dessen Durchführung das Unternehmen sich in einem Bereich engagieren müßte, in dem es bisher nicht tätig war, übertrieben negativ aus?
- Scheitern gute Pläne an ihrer schlechten Durchführung?

Depression

- Sind die Unternehmensangehörigen oft gleichgültig und antriebslos?
- Unterbreiten Sie Vorschläge oder Empfehlungen. Werden sie entweder gleichgültig hingenommen oder sofort abgelehnt, weil man vor ihrer Durchführung zurückschreckt?
- Ergreifen Sie in einer bestimmten Angelegenheit die Initiative. Stoßen Sie damit bei Vorgesetzten, Kollegen und Untergebenen eher auf Mißbilligung denn auf Anerkennung?
- Bitten Sie um etwas, was nicht im Rahmen des Üblichen liegt. Wenn niemand über die Kompetenz verfügt, um Ihre Bitte zu genehmigen, liegt der Verdacht auf eine Depression nahe.
- Stoßen Sie in Ihrer Firma häufig auf unprofessionelles Verhalten?

Suchtverhalten

- Stellen Sie einem Vorgesetzten taktvoll eine Frage zu einem kürzlich aufgetretenen Problem oder einem Mißerfolg. Zieht er sich in die Defensive zurück und sucht nach Ausreden, statt Ihnen sachlich die Gründe zu nennen?
- Werden bestimmte Fehler immer wieder begangen?

- Machen Sie einen Vorschlag zur Erhöhung der Kundenzufriedenheit. Weisen die Reaktionen darauf hin, daß die Kunden unwichtig sind, oder daß die Firma ohnehin besser zu wissen glaubt, was gut für die Kunden ist?

Zwanghaftes Verhalten

- Übernehmen Sie freiwillig einen Aufgabenbereich, in dem Sie Ihre Kompetenz schon unter Beweis gestellt haben. Besteht Ihr Vorgesetzter trotzdem darauf, Ihnen über die Schulter zu sehen und jede einzelne Handlung zu überprüfen?
- Bitten Sie Ihren Chef um eine Entscheidung, deren Vor- und Nachteile er genau abwägen muß. Wie lange braucht er für seinen Entschluß? Schwierigkeiten bei der Entscheidungsfindung deuten auf zwanghaftes Verhalten hin.
- Gibt es viele Routineverfahren, die wenig offensichtlichen Nutzen haben, aber trotzdem beibehalten werden?
- Werden hervorragende Leistungen wegen ihrer „mangelnden Perfektion“ kritisiert? Mit diesem Test sollten Sie jedoch vorsichtig umgehen, da mit Total Quality Management-Programmen und ähnlichen Ansätzen ohnehin fortlaufende Verbesserungen angestrebt werden. Sie suchen aber nach Anhaltspunkten dafür, daß *ausschließlich* eine perfekte Leistung als akzeptabel gilt.

Posttrauma

- Gibt es Entscheidungen, die dem gesunden Menschenverstand widersprechen? Werden etwa trotz anderslautender Pläne und ohne nachvollziehbaren Grund Mitarbeiter entlassen?
- Unterbreiten Sie einen guten Vorschlag, dessen Durchführung die Mitwirkung einer oder mehrerer Manager erfordert. Reagieren diese wie betäubt, als befänden sie sich in einem Schockzustand?
- Begrüßen Sie die Firmenangehörigen mit einem freundlichen „Guten Morgen“. Reagieren sie darauf erstaunt, oder werden Sie sogar ignoriert?

Diagnostische Tests: Ein Beispiel

Eines der vorangegangenen Testergebnisse wies auf ein neurotisches Verhalten hin. In einem solchen Fall könnten Sie versucht sein, im Kapitel über diese Krankheit noch einmal nachzuschlagen, eine Ihnen geeignet erscheinende Behandlung auszusuchen und dann zur Tat zu schreiten. Davon möchten wir Ihnen dringend abraten. Bevor Sie etwas unternehmen, sollten Sie in jedem Fall Ihr Ergebnis noch einmal überprüfen.

Für die Bestätigung der Diagnose wurden mehrere Tests vorgeschlagen, etwa der, einen guten Vorschlag zu unterbreiten und dann darauf zu achten, wie er aufgenommen wird. Ein solcher Test läßt sich ohne großen Aufwand durchführen. Vielleicht tragen Sie ohnehin schon seit längerer Zeit einen Verbesserungsvorschlag mit sich herum. Auf jeden Fall sollte Ihr Vorschlag für die Firma von Nutzen sein, gleichzeitig aber auch eine Abweichung vom Gewohnten bedeuten – denn Neurotiker fürchten jede Veränderung.

Machen Sie eine Aufstellung über die Vorteile und Kosten des Plans. Erläutern Sie auch eventuelle Risiken, aber zeigen Sie gleichzeitig, warum sie minimal sind und wie Sie sie in den Griff bekommen wollen. Nun legen Sie den Vorschlag Ihrem Vorgesetzten vor. Wenn dieser nicht befugt ist, ihn zu genehmigen, bitten Sie ihn darum, ihn weiterzuleiten. Wenn Ihr Vorschlag angenommen wird, wunderbar. Dann haben Sie vermutlich die Symptome falsch interpretiert. Nun überprüfen Sie die Liste nochmals. Sie haben bisher keinen Schaden angerichtet und vielleicht sogar Ihre Karrierechancen verbessert, weil Sie Eigeninitiative entwickelt haben. Auch wenn Ihr Vorschlag geprüft, aber abgewiesen wird, kann die Organisation durchaus gesund sein. Nur wenn er gar nicht näher analysiert und mit fadenscheinigen Gründen abgelehnt wird, weist dies eindeutig auf eine Neurose hin. Ihr Chef könnte sich beispielsweise mit folgendem Kommentar weigern, den Vorschlag weiterzuleiten: „Vergessen Sie's, ich weiß ganz genau, daß so etwas keinesfalls genehmigt wird."

Es wäre allerdings ein Irrtum zu glauben, daß Sie mit einem derartigen Test die Abneigung Ihres Vorgesetzten gegen Veränderungen messen können. Ein Mensch, der Veränderungen scheut, kann jederzeit ausgezeichnete Gründe dafür anführen, warum eine Neuerung gerade jetzt nicht möglich ist. Wenn aber jemand keine sinnvollen und stichhaltigen Gründe nennen kann, liegt eine Neurose nahe. Wenn Ihr Chef sich weigert, Ihren Vorschlag an eine kompetente Stelle weiterzuleiten, offenbart er die Neurose des Unternehmens, nicht seine eigene. Die Neurose schlägt sich auf jeder Ebene und bei allen Mitarbeitern nieder.

Zusammenfassung

Bevor Sie mit der Behandlung eines kranken Unternehmens beginnen, müssen Sie wissen, woran es leidet. Selbst die beste Arznei richtet Schaden an, wenn sie nicht auf die Krankheit abgestimmt ist. Ein einfaches Mittel, um eine vorläufige Diagnose zu erstellen, ist der Gesundheitstest. Auch Laien können ihn anwenden, um herauszufinden, wie es um den Gesundheitszustand ihres Unternehmens bestellt ist, und ob es an bestimmten Krankheiten leidet. Die Ergebnisse des Gesundheitstests müssen anhand von speziellen Zusatztests nochmals überprüft werden.

Nach der Bestätigung der Diagnose schlagen Sie wieder im Kapitel über die betreffende Krankheit nach. Sie finden dort detaillierte Informationen über die Krankheit und erfahren, welche Strategien es zu ihrer Behandlung gibt. Erst jetzt verfügen Sie über alle nötigen Informationen, um die Behandlung in Ruhe zu planen. Wir zeigen Ihnen in Kapitel 13, wie Sie einen Behandlungsplan entwickeln können. Aber davor steht noch ein anderer Schritt.

Literatur

[1] *Covey, Stephen R.* (1994): *Die sieben Wege zur Effektivität*, Frankfurt/New York 1994, S. 218.

12 *Vorsicht Ansteckungsgefahr* – Wie Sie sich schützen können

Auf seine Gesundheit zu achten, ist eine Pflicht. Den wenigsten Menschen scheint jedoch bewußt zu sein, daß es so etwas wie eine Moral der Physis gibt.
Herbert Spencer, Education

Kranke Organisationen handeln nicht immer rational. So wie menschliche Patienten schlagen auch sie bisweilen die Hand, die man ihnen zur Hilfe reicht, zurück. Um sich selbst zu schützen, müssen Sie deshalb eine Atmosphäre des Wohlbefindens schaffen, eine persönliche Schutzzone, die Sie vom Wahnsinn um Sie herum abschirmt.

Eine solche Atmosphäre ermöglicht Ihnen, in einer verrückten Organisation zu überleben. Sie gewinnen Zeit, während Sie sich darum bemühen, den Heilungsprozeß voranzutreiben. Gleichzeitig sind Sie gegen eventuelle Schwierigkeiten gewappnet, die drohen, wenn Sie mit den übergeordneten Führungskräften über die Probleme des Unternehmens sprechen. Sie werden zwar nicht mehr als Überbringer schlechter Nachrichten getötet, wie es in der Antike vorkam, aber machen Sie sich darauf gefaßt, daß Ihre psychische Belastbarkeit auf eine harte Probe gestellt wird. Bevor Sie also einen Behandlungsplan durchführen, sollten Sie eine der folgenden Techniken anwenden, um Ihre Psyche zu stärken und sich gegen allzu ruppige Reaktionen zu wappnen.

Eine positive Sichtweise entwickeln

Psychologen glauben, daß man nicht gleichzeitig glücklich und unglücklich sein kann. Eigentlich ist das einleuchtend. Wenn Sie glücklich sein wollen, während in Ihrer Umgebung alles den Bach hinuntergeht, dann können Sie das auch. Sie haben die Macht, Ihre Stimmung zu kontrollieren.

Die meisten Menschen können bei sich selbst einen starken therapeutischen Effekt erzielen, wenn sie einfach nur die Körperhaltung und den Gesichtsausdruck verändern. Versuchen Sie es einmal. Wenn Sie sich gerade richtig niedergeschmettert fühlen, dann nehmen Sie eine aufrechte Haltung ein, ob sitzend oder stehend, halten Sie den Kopf hoch, und nehmen Sie die Schultern zurück. Jetzt lächeln Sie. Paul Ekman, Psychologieprofessor an der University of California, stellte fest, daß Stimmungen sich verändern ließen, indem man einfach einen glücklichen oder einen unglücklichen Gesichtsausdruck annahm. Studenten, die ein trauriges Gesicht machten, fühlten sich traurig, und wer ein glückliches Gesicht machte, fühlte sich glücklich.[1]

Versuchen Sie einmal, sich folgende Sätze immer wieder vorzusprechen: „Ich bin glücklich, ich bin gesund, mir geht es großartig!“ Sagen Sie das laut und begeistert, bis Sie sich wirklich so fühlen. Diese Technik der positiven Bestätigung stammt von W. Clement Stone aus Chicago. Er stellte fest, daß es ihm auf diese Weise gelang, auch unter widrigen Umständen seine gute Laune zu behalten.

Ein weiteres Experiment ist folgendes: Nehmen Sie wieder die Position ein, in der Sie Glück und Zufriedenheit ausstrahlen. Wenn Ihnen nichts einfällt, worüber Sie sich freuen könnten, denken Sie an ein Ereignis aus der Vergangenheit. Vielleicht hat sich ein langgehegter Wunsch erfüllt, oder Sie haben ein schwieriges Ziel erreicht. Nehmen Sie die Haltung und den Gesichtsausdruck von damals an, und horchen Sie in sich hinein, welche Gefühle Sie damals empfanden. Nun behalten Sie diesen Gesichtsausdruck und diese Haltung bei, und *versuchen* Sie gleichzeitig, deprimiert zu werden. Bemühen Sie sich nach Kräften, sich wirklich schlecht zu fühlen. Sie werden feststellen, daß das unmöglich ist, solange Sie nicht auch Ihre Haltung, Ihren Gesichtsausdruck und Ihre Gedanken verändern.

Für dieses Phänomen gibt es interessanterweise eine biologische Erklärung. Wenn wir die Stirn runzeln, werden bestimmte Muskeln angespannt, die wiederum kleine, von der Halsschlagader ausgehende Blutgefäße zusammenpressen. Das Lächeln dagegen aktiviert andere Muskeln, die die Blutgefäße erweitern. Die Mimik reguliert also den Blutstrom, der die stimmungsverändernden chemischen Substanzen zum Gehirn transportiert. Der Psychologe R. B. Zajonc von der University of Michigan hält es für eine Absicht der Natur, daß die Menschen ihre Emotionen auf diese Weise kontrollieren können.[2]

Diese einfache Wahrheit – man kann sich nicht schlecht fühlen, wenn man sich gut fühlt – ermöglicht es Ihnen also, sich in eine gute Stimmung zu bringen, wann immer Sie wollen. Denken Sie an ein angenehmes Erlebnis, nehmen Sie die Haltung und den Gesichtsausdruck von damals an, und schon sind Sie soweit! Auch wenn die Atmosphäre um Sie herum vergiftet ist, müssen Sie sich die Laune nicht verderben lassen. Diese positive Sichtweise ist ein wichtiges Element beim Aufbau der Atmosphäre des Wohlbefindens.

Probleme bewältigen

Auch die Art und Weise, wie Sie mit Problemen umgehen, spielt für die Atmosphäre des Wohlbefindens eine große Rolle. Wissenschaftler an der Duke University haben eine Technik entwickelt, mit der Sie Ihre Fähigkeit zum richtigen Umgang mit Problemen trainieren können. Im Grunde handelt es sich um eine Form der Selbsthypnose.

Zunächst denken Sie an ein Problem, das Ihnen erhebliche Sorgen bereitet. Dann begeben Sie sich alleine an einen ruhigen Ort. Setzen Sie sich bequem hin, und entspannen Sie sich mit geschlossenen Augen. Den meisten Menschen gelingt das am besten, wenn sie sich vorstellen, daß ihr Körper allmählich von einer Lähmung erfaßt wird, die sich von den Fußspitzen bis zum Kopf und auch zu den Augenlidern ausbreitet. In diesem entspannten Zustand denken Sie an das Problem und sagen Ihrem Unterbewußtsein, daß Sie es gelöst haben möchten. Dann stehen Sie auf und gehen wieder an Ihre Arbeit. Früher oder später stoßen Sie auf eine Lösung, in manchen Fällen sogar sofort. Die Lösung präsentiert sich oft auf eine Art und Weise, an die Sie nie gedacht hätten. Uns ist klar, daß diese Methode sich viel zu simpel anhört, um wahr zu sein. Aber sie wurde erprobt und hat sich bewährt.

Das chemische System Ihres Körpers

Beim Aufbau einer Atmosphäre des Wohlbefindens können Sie sich auch Ihr körpereigenes chemisches System zunutze machen. Norman Cousins beschrieb in seinem Buch *Anatomy of an Illness*, wie er eine lebensbedrohliche Krankheit durch die Aktivierung körpereigener Substanzen heilte. Er vertraute auf die Existenz dieser Wirkstoffe, die die für die Heilung notwendigen physiologischen und psychologischen Prozesse förderten. Wie diese Prozesse genau in Gang gesetzt werden und wie sie ablaufen, ist noch längst nicht vollständig erforscht.

Zu den stärksten derartigen Substanzen gehören die Endorphine. Sie werden beispielsweise bei einer anstrengenden sportlichen Betätigung freigesetzt, was die Euphorie erklärt, die Jogger häufig am Ende ihrer Strecke empfinden. Daher ist eine regelmäßige sportliche Betätigung ein gutes Mittel um zu gewährleisten, daß ausreichend Endorphine im Blut vorhanden sind.

Sport ist aber nicht die einzige Möglichkeit. Cousins gelang es, Endorphine auf seinem „Totenbett" freizusetzen, indem er pausenlos Filme der Komikergruppe Three Stooges ansah. Am Anfang war es noch sehr schwierig. Nach sechs Stunden herzhaften Lachens ermöglichten die produzierten Endorphine nur 15 Minuten Schlaf. Aber dann entfalteten die Stoffe ihre Wirkung immer stärker, und er bekam den Schlaf, der für seine Heilung nötig war.

In unseren Seminaren haben wir Tausenden von Führungskräften gezeigt, wie sie durch die folgende einfache Übung Endorphine freisetzen können. Wir bitten sie darum, aufzustehen, die

Augen zu schließen und sich geistig und körperlich zu entspannen. Dann sollen sie sich vorstellen, daß sie am Abend beim Nachhausekommen einen Einschreibebrief vom Anwalt in der Post finden. Darin steht, daß ein reicher Onkel verstorben ist, der ihnen eine Million Dollar hinterlassen hat, steuerfrei natürlich. Das Erbe ist an eine einzige Bedingung geknüpft: Sie müssen das Geld ganz nach eigenem Wunsch ausgeben. Sie können ein Haus kaufen oder ein teures Auto, eine Weltreise machen oder das Geld einer wohltätigen Organisation schenken, was auch immer sie wollen.

Wir geben den Führungskräften mehrere Minuten, um sich ihr Glück in allen Einzelheiten auszumalen. Dann zählen wir bis drei, und sie müssen die Augen wieder öffnen. Nun haben sie zehn Sekunden Zeit, um zwei anderen Seminarteilnehmern zu sagen, was sie mit dem Geld vorhaben, und zwar sollen sie das so aufgeregt wie nur möglich tun.

Wir fühlen dann förmlich, wie sich die Anspannung aufbaut, wenn wir langsam zählen: „Eins ... zwei ... *drei!*". Plötzlich ist der Raum von lautem Stimmengewirr erfüllt. Nach zehn Sekunden bringen wir die Teilnehmer zum Schweigen – was nicht immer einfach ist – und fordern sie auf, an die Endorphine zu denken, die durch ihr Blut fließen. Alle sind sich einig, daß sie sich fantastisch fühlen.

Sie können diese Übung auch selbst durchführen. Natürlich brauchen Sie sich nicht dauernd vorzustellen, daß ein reicher Onkel Ihnen eine Million Dollar vermacht, denn dieser Traum nutzt sich vermutlich mit der Zeit etwas ab. Wählen Sie ein anderes Ereignis, das Sie sehr glücklich machen würde. Lehnen Sie sich zurück, und hängen Sie Ihren Tagträumen nach. Stellen Sie sich vor, Sie hätten einen oder mehrere Ihrer Träume erreicht, ob auf finanziellem, persönlichem, beruflichem oder einem anderen Gebiet. Stellen Sie sich vor, was für ein Leben Sie nun führen und wie Sie Ihren Erfolg genießen würden. Verabreichen Sie sich eine Dosis Endorphine. Genehmigen Sie sich täglich eine „Traumsitzung". Auf diese Weise fördern Sie Ihr persönliches Wohlbefinden, und vielleicht erreichen Sie sogar noch mehr. Viele Menschen haben uns schon berichtet, daß ihr Tagtraum irgendwann in Erfüllung gegangen ist.

Einen neuen Blickwinkel finden

Eine andere Technik, um die Atmosphäre des Wohlbefindens aufzubauen, besteht darin, eine gegebene Situation unter einem neuen Blickwinkel zu sehen. Im wesentlichen suchen Sie dabei nach Vorteilen in einer unvorteilhaften Lage. Wenn ein krankes Unternehmen Ihnen das Leben schwer macht, versuchen Sie, die Situation neu zu definieren, um sie positiver zu sehen.

Nehmen wir an, Sie seien in einer Regierungsbehörde, die an zwanghaftem Verhalten leidet, für die Beziehungen zur Presse verantwortlich. Ihr unmittelbarer Vorgesetzter schickt Ihre Pressemitteilungen mit dem Verweis auf unbedeutende Fehler immer wieder zurück und besteht auf einer Korrektur. Sie ärgern sich über dieses Verhalten. Zum einen sind manche der angeblichen Fehler Ihrer Meinung nach gar keine, und zum anderen nimmt die Überarbeitung jedes Mal wertvolle Zeit in Anspruch; und wenn Pressemitteilungen nicht rechtzeitig herausgegeben werden, sind sie wertlos. Aber die Instruktionen sind nun einmal eindeutig.

Sie haben die Wahl: Entweder Sie treiben sich selbst in den Wahnsinn, indem Sie sich immer wieder vorjammern, welch blödsinnige Ansprüche man an Sie stellt, oder Sie fangen an, die Dinge anders zu sehen. Könnten Sie die Angelegenheit nicht als Herausforderung für Ihren Erfindungsgeist auffassen? Gibt es eine Lösung, die Ihren Chef zufriedenstellt und Ihnen gleichzeitig ermöglicht, die Pressemitteilungen pünktlich herauszubringen? Vielleicht könnten Sie eine neue Software kaufen oder den Praktikanten zum Korrekturlesen anfordern? Oder Sie gestehen sich ein, daß Sie tatsächlich Fehler machen und durch Ihren Vorgesetzten gezwungen sind, sorgfältiger zu arbeiten.

Die Filmtechnik

Diese letzte Technik zum Aufbau einer Atmosphäre des Wohlbefindens gehört zu unseren bevorzugten Methoden. Sie funktioniert dann am besten, wenn Sie sich durch das Verhalten der Menschen in Ihrer Umgebung sehr aufgebracht fühlen. Einige Beispiele:

- Ihr Vorgesetzter stellt unangemessene Ansprüche und beleidigt Sie.
- Ein neues Projekt ist so schlecht geplant, daß nicht einmal für einen reibungslosen Kommunikationsfluß gesorgt wurde. Genausogut könnte man es den Marx Brothers übertragen, nur wird man leider Ihnen die Verantwortung zuschieben.
- Das ganze Unternehmen ist so deprimiert, daß alle Mitarbeiter nur noch über die Krankheit sprechen. Ständig werden Sie daran erinnert, wie schrecklich es Ihnen allen geht.

Wenn Sie in Gefahr geraten, sich von derartigen Mißstimmungen anstecken zu lassen, dann nehmen Sie sich Zeit für einen Film, den Sie vor Ihrem geistigen Auge ablaufen lassen. Besonders ansteckungsgefährdet sind Sie in depressiven, posttraumatischen oder neurotischen Unternehmen. Und so werden Sie Ihr eigener Regisseur:

Ziehen Sie sich alleine an einen stillen Ort zurück, wo sie vor jeder Störung sicher sind. Lassen Sie vor Ihrem geistigen Auge den Anlaß vorüberziehen, über den Sie sich so ärgern. Lassen Sie das Ereignis oder die Ereigniskette möglichst realitätsgetreu Revue passieren. Wenn Ihre Empörung darauf beruht, daß etwas geschehen *könnte*, dann stellen Sie sich genau dieses gefürchtete Ereignis vor, wie in einem grauenhaften Alptraum. Zunächst wird dieser Film sehr unangenehm sein, aber lassen Sie sich davon nicht entmutigen. Das wird sich bald ändern.

Nachdem Sie den Film einmal angesehen haben, spulen Sie ihn rückwärts ab. Sie sehen also alles in umgekehrter Reihenfolge: Die

Menschen laufen rückwärts, der Dampf wird in den Topf gesogen, Wasser fließt in ein Glas zurück, aus dem es verschüttet wurde, und so weiter. Vielleicht fallen Ihnen dabei die alten Filme in der Schule ein, die manchmal versehentlich zurückgespult wurden. Genauso soll Ihr Film aussehen. Wirkt er schon ein wenig lustig? Sehr gut. Genau das wollen Sie.

Nun spulen Sie den Film wieder vorwärts ab, erhöhen aber die Geschwindigkeit, schneller und immer schneller. Jetzt verlangsamen Sie ihn, bis die Figuren sich wie in Zeitlupe bewegen und sprechen. Beschleunigen Sie das Tempo wieder. Der Film soll so lächerlich wie nur möglich wirken.

Nun fügen Sie einige Toneffekte dazu. Verändern Sie die Stimme der Bösewichte in Ihrem Film, so daß sie sich komisch, aber nicht bedrohlich anhören. Geben Sie ihnen die Stimmen von Mickey Mouse oder Donald Duck. Lassen Sie Ihren Chef in einer piepsenden Vogelstimme brüllen. Wenn eine Stimme in der Realität tief ist, dann verpassen Sie ihr im Film eine hohe Tonlage. Eine hohe weibliche Stimme kann dafür im Baß sprechen. Verändern Sie den Tonfall, so daß die Stimmen verängstigt, nervös oder schläfrig klingen. Jede Veränderung, die Ihren Film lustiger macht, ist gelungen.

Nun fügen Sie weitere Spezialeffekte hinzu. Verändern Sie die Erscheinung der Bösewichte. Geben Sie ihnen eine lange Nase, Segelohren, lange Schwänze oder ein großes Hinterteil. Sie sollen so lächerlich aussehen wie möglich. Lassen Sie sie zu Winzlingen schrumpfen.

Verändern Sie nun die Ereignisse. Die Personen verhalten sich so, wie Sie es gerade möchten. Vielleicht entschuldigt sich jemand bei Ihnen oder gratuliert Ihnen. Vielleicht reden sie auch einfach nur dummes Zeug. Spulen Sie den Film währenddessen vor und zurück. Variieren Sie die Geschwindigkeit, die Farbe und alle anderen Elemente.

Nun wird es Zeit für den letzten Schliff: ein wenig Musik. Die Musik soll aber völlig unpassend sein: ein Zirkusorchester für eine „ernste“ Finanzbesprechung oder die Erkennungsmelodie eines

Zeichentrickfilms für die Mitarbeiterbesprechung. Sie sind der Regisseur dieses Films, also können Sie tun, was Sie wollen.

Sehen Sie Ihren Film über das belastende Ereignis so lange an, bis es nicht mehr belastend ist. Fügen Sie immer mehr Spezialeffekte zu, bis Sie aufpassen müssen, daß Sie nicht brüllen vor Lachen. Tatsächlich liegt hier der einzige Nachteil der Methode. Wenn nämlich in Zukunft jemand die Angelegenheit anspricht, die Ihnen so viel Kopfzerbrechen bereitet hat, werden Sie sich sehr darum bemühen müssen, nicht darüber zu lachen.

Zusammenfassung

Der Aufbau einer Atmosphäre des Wohlbefindens kann Ihnen helfen, gesund zu bleiben, auch wenn das Unternehmen krank ist. Die Auswirkungen der Unternehmenskrankheit können Ihnen dann nichts anhaben. Sie gewinnen sogar Zeit, während Sie Ihre Behandlung durchführen.

Folgende Techniken haben sich zum Aufbau einer Atmosphäre des Wohlbefindens bewährt:

- eine positive Sichtweise entwickeln,
- Probleme durch Selbsthypnose bewältigen,
- die körpereigenen Endorphine benutzen, um positive Energien freizusetzen,
- die belastende Situation unter einem neuen Blickwinkel sehen,
- die Filmtechnik anwenden.

Literatur

1 *Lewis, David* (1992): *Die geheime Sprache des Erfolgs.* München 1992.

2 Ibid.

13 Keine Behandlung ohne Plan

Ein Plan ist nichts, aber Planen ist alles.
Dwight Eisenhower im Zweiten Weltkrieg als Befehlshaber bei der Landung der Alliierten in Europa.

Sei vorsichtig, wenn du nicht weißt, wohin dein Weg dich führt, denn es könnte sein, daß du nie ankommst.
Yogi Berra

Es gibt ein altes Sprichwort, nach dem diejenigen, die nicht planen, eigentlich den Mißerfolg planen. Sobald Sie Ihre Diagnose gestellt und bestätigt haben, ist es sehr verlockend, ohne weitere Planung sofort mit der Behandlung zu beginnen. Vielleicht glauben Sie, daß Sie „keine Zeit zum Planen" haben. Oder Sie sagen: „Der Plan ist in meinem Kopf." Aber das sind nur Ausflüchte.

Widerstehen Sie der Versuchung, Ihre Erkenntnisse nun sofort in die Praxis umzusetzen. Ein formaler, strukturierter Plan ist ein wesentlicher und notwendiger Schritt bei der Behandlung eines psychisch kranken Unternehmens. Mit einem Plan sparen Sie nicht nur viel Zeit und Mühe, sondern er stellt auch das effektivste und effizienteste Mittel dar, um den Heilungsprozeß zu fördern. Während Sie den Plan erstellen, stoßen Sie auf mögliche Fallen, die Sie sonst übersehen hätten. Sie können die Vor- und Nachteile der möglichen Alternativen gegeneinander abwägen. Vielleicht fallen Ihnen beim Nachdenken noch weitere Varianten ein, die Ihnen bisher entgangen sind. Und schließlich ist es leichter, den eingeschlagenen Kurs beizubehalten, wenn Sie die Behandlungsschritte schwarz auf weiß festgehalten haben.

Eine Behandlung verläuft selten genau so wie sie geplant wurde. Das ist nicht weiter schlimm. Fast immer, wenn ein kompliziertes Vorhaben durchgeführt wird, tauchen unerwartete Einflüsse auf, die zu einer Modifizierung des geplanten Verlaufs führen. Die Astronauten peilten auf ihrem Weg zum Mond ein Ziel an, das 240 000 Meilen entfernt war. Die meiste Zeit befanden sie sich nicht auf der geplanten Flugbahn. Aber weil sie einen Plan hatten, konnten sie ihren Kurs ständig korrigieren, und sie erreichten ihr Ziel. Sie befinden sich in einer vergleichbaren Situation. Während Sie die Behandlung durchführen, müssen Sie mit unvorhergesehenen Ereignissen rechnen, die Sie vom Kurs abbringen. Wenn Sie keinen schriftlichen Plan haben, passiert es leicht, daß Sie Ihr Ziel aus den Augen verlieren.

Psychologen und Planungsfachleute haben entdeckt, daß ein formaler Behandlungsplan weitere Vorteile hat:

- Er zwingt Sie vorauszudenken.
- Er ermöglicht Ihnen, mehrere Schritte gleichzeitig zu koordinieren.
- Er hilft Ihnen, Kriterien für die Erfolgskontrolle zu entwickeln.
- Sie sind auf Veränderungen besser vorbereitet.
- Sie haben den Behandlungsablauf besser im Griff.
- Sie können die verfügbaren Ressourcen effizienter nutzen.
- Sie werden sich der Probleme, Chancen und Gefahren besser bewußt.

Entwicklung eines Basiskonzepts zur Behandlung

In früheren Kapiteln wurde gesagt, daß es für jede der neun Störungen mehrere mögliche Behandlungstechniken gibt. Sie erinnern sich vielleicht auch, daß Unternehmen manchmal an mehr als einer Krankheit gleichzeitig leiden. Deshalb geht es bei der Entwicklung eines Behandlungsplans nicht nur darum, sich für eine Alternative zu entscheiden und dann ein zeitliches Limit zu setzen. Sie kommen vielleicht auch zum Ergebnis, daß mehrere spezifische Behandlungen notwendig sind, entweder gleichzeitig oder nacheinander. In der einen Situation wenden Sie die eine Behandlungsabfolge an, dann wieder müssen Sie auf eine andere zurückgreifen.

Deshalb ist es zutreffender, vom „Behandlungskonzept" statt von einer einzelnen Behandlungsmethode zu sprechen. Das Behandlungskonzept ist sozusagen das Rezept, das Sie dem Unternehmen verschreiben.

In diesem Kapitel erfahren Sie, welche Schritte bei der Erarbeitung eines solchen Konzepts zu beachten sind. Im folgenden Kapitel wird eine komplette Behandlung am Beispiel eines Unternehmens beschrieben.

Die Methode, die wir zur Erstellung eines Behandlungskonzepts empfehlen, hat sich schon in verschiedenen Branchen bewährt. In der Wirtschaft wird sie manchmal die Harvard-Fallstudienmethode genannt. Im Rechtswesen dient sie zur Analyse von Fällen und in der klinischen Psychologie zur Analyse von psychischen Problemen und zur Entwicklung eines Therapieplans. Interessanterweise wurde die Methode ursprünglich gegen Ende des 19. Jahrhunderts für den Generalstab der US-Armee entwickelt. Sie wird von den Streitkräften noch heute für Stabstudien verwendet. Die Tatsache, daß sie in so vielen verschiedenen Berufszweigen verwendet wird, beweist ihre Flexibilität. Sie eignet sich hervorragend dazu, ein Problem von der Wurzel her anzupacken und den besten Lösungsweg zu finden.

Die Methode gliedert sich in fünf Schritte:

1. Überprüfen Sie die Diagnose.
2. Definieren Sie alle relevanten Faktoren.
3. Legen Sie mögliche Alternativkonzepte fest, und listen Sie ihre Vor- und Nachteile auf.
4. Analysieren Sie die Alternativkonzepte.
5. Wählen Sie das geeignete Behandlungskonzept aus.

1. Die Diagnose

Auf nichts kommt es bei der Therapie eines Unternehmens mehr an als auf die korrekte Diagnose. Wenn die Diagnose stimmt, können auch mit einer nicht ganz optimalen Behandlung Erfolge erzielt werden. Aber wenn Sie die Krankheit nicht erkennen, kann selbst eine brillante Behandlung den Zustand des Unternehmens verschlechtern statt verbessern. Denken Sie immer daran, daß die richtige Diagnose die Grundlage eines jeden Behandlungskonzepts ist.

2. Relevante Faktoren

In diesem Planungsstadium suchen Sie im gesamten Unternehmensumfeld nach relevanten Faktoren. Faktoren sind alle Elemente, die für den Zustand des Unternehmens charakteristisch sind. Beachten Sie, daß wir nicht von „Fakten" sprechen. Diese sind zwar sehr wichtig, aber von ebenso großer Bedeutung ist es, daß Sie sich die subjektiven Annahmen, Bewertungen, Definitionen und Kriterien bewußt machen, die das Unternehmen beeinflussen. Wenn Sie diese subjektiven Einflüsse versehentlich als Fakten behandeln, könnten Sie nämlich wichtige unterschwellige Prozesse übersehen.

Aber nicht alle Faktoren sind gleich wichtig. Sie müssen sie gewichten, um nicht in der Vielzahl der Informationen zu ersticken. Nehmen Sie sich deshalb die Zeit, jeden Faktor zu untersuchen, um herauszufinden, ob er für die Unternehmenskrankheit und die mögliche Behandlung relevant ist. Steht er mit der Krankheit oder Behandlung in einem Zusammenhang, sollten Sie ihn in Ihre Liste aufnehmen, ansonsten streichen Sie ihn.

3. Alternative Konzepte

Wie so oft im Leben, gibt es auch bei der Behandlung dysfunktionaler Organisationen mehr als eine mögliche Vorgehensweise. Deshalb ist es empfehlenswert, sämtliche Behandlungskonzepte, die möglich und vernünftig erscheinen, aufzulisten. Gehen Sie dazu die einzelnen Techniken nochmals durch, die in den vorangegangenen Kapiteln vorgeschlagen wurden. Stellen Sie sich vor Ihrem geistigen Auge verschiedene Kombinationen vor, und schreiben Sie dann die Vor- und Nachteile einer jeden auf. Nehmen Sie sich genügend Zeit für diesen Schritt, und denken Sie jede Möglichkeit in allen Einzelheiten durch.

4. Analyse der Alternativen

Dies ist das Herzstück der Planungsphase. Jede Alternative, die Sie im vorangegangenen Schritt aufgelistet haben, wird nun genau definiert und mit den in Schritt zwei identifizierten relevanten Faktoren verglichen. Dazu gehört auch, daß Sie die Vor- und Nachteile der Alternativen abwägen und bewerten. Manchmal empfiehlt es sich, die Nachteile einer Alternative zu vernachlässigen, wenn sie dafür Vorteile bietet, die mit einem sehr wichtigen Faktor in Zusammenhang stehen. Der Verlauf dieser Analyse wird Sie auf logische Weise zum richtigen Behandlungskonzept führen.

Es empfiehlt sich, die Analyse fortzuführen, indem Sie jedes Behandlungskonzept vor dem Hintergrund der relevanten Faktoren überprüfen. Daraus ergeben sich vielleicht neue Gesichtspunkte, die für oder gegen eine Entscheidung sprechen, oder es fallen Ihnen zusätzliche neue Faktoren auf. Nehmen Sie auch diese in Ihre Liste auf. Dann richten Sie Ihr Augenmerk wieder auf die verschiedenen Konzepte, die Sie gefunden haben. Ändern die neuen Faktoren etwas an Ihrer Beurteilung der Lage? Ergeben sich neue Alternativen oder zusätzliche Vor- oder Nachteile eines Behandlungskonzepts, das schon auf Ihrer Liste steht?

Am Ende dieses Schrittes sollten Sie in der Lage sein, das beste Behandlungskonzept zu wählen. Wenn Ihnen dies nicht gelingt, erläutern Sie, warum die besten Alternativen ungefähr gleichwertig sind.

Wenn wir selbst in unserer Beratungsarbeit eine Analyse durchführen, überprüfen wir die Entscheidung manchmal, indem wir uns an eine Person wenden, die zwar mit den Grundsätzen der Planungsmethode, nicht aber mit dem speziellen Fall vertraut ist. Wir legen ihr die ersten vier Schritte vor, informieren sie also nicht, für welche der Alternativen wir uns entschieden haben. Dann fragen wir sie, welche Alternative sie auswählen würde und warum. Wenn sie sich für ein anderes Behandlungskonzept entscheidet, kommen dafür zwei Gründe in Betracht: Entweder sind wir von Annahmen und Informationen ausgegangen, die nicht in der Liste der relevanten Faktoren enthalten waren, oder wir haben wichtige Gesichtspunkte übersehen. Wenn wir neue Einsichten gewinnen oder Unstimmigkeiten feststellen, dann muß der Plan eben nochmals geändert werden.

5. Die endgültige Entscheidung

In diesem letzten Schritt dokumentieren Sie, welche Schlußfolgerungen Sie aus Ihren bisherigen Überlegungen ziehen. Es handelt sich um eine Zusammenfassung des endgültigen Ergebnisses Ihrer Analyse aus Schritt vier. Sie beschreiben nun präzise das Behandlungskonzept, das Sie befolgen wollen. Wenn Sie merken, daß Sie etwas vergessen haben, gehen Sie noch einmal zum entsprechenden Schritt zurück und wiederholen auch die darauffolgenden Schritte.

Die Entwicklung des Behandlungsplans

Sie haben nun ein Basiskonzept für die Behandlung, aber noch keinen Behandlungsplan. Sie wissen, *was* Sie tun werden, aber nicht *wie*. Im Behandlungsplan wird das *wie* und vieles andere mehr beschrieben. Es ist ein formales Dokument, daß Sie während der gesamten Behandlung hindurch verwenden können, um den eingeschlagenen Kurs beizubehalten.

Wir empfehlen das folgende Vorgehen bei der Ausarbeitung des schriftlichen Behandlungsplans:

1. Diagnose und Situationsanalyse,
2. Probleme, Gefahren und Chancen,
3. Behandlungskonzept,
4. Erfolgskontrolle,
5. Management und Implementierung.

Diagnose und Situationsanalyse

Erläutern Sie in diesem Abschnitt Ihres Plans, welche Diagnose Sie gestellt haben und wie Sie dazu gekommen sind. Beschreiben Sie die Situation und das Umfeld. Nennen Sie alle relevanten Faktoren, die Sie identifiziert haben, und alle anderen Anhaltspunkte, die für Ihre Beurteilung ausschlaggebend sind.

Probleme, Gefahren, Chancen

In diesem Abschnitt zeigen Sie auf, wo Sie Probleme, Gefahren und Chancen sehen. Gleichzeitig erläutern Sie, warum Ihr Behandlungskonzept es ermöglicht, die anstehenden Probleme zu lösen, eventuelle Gefahren zu meistern und Chancen zu nutzen. Ein Problem könnte beispielsweise durch einen Umsatzeinbruch drohen. Eine Gefahr stellt etwa die neueste Erfindung eines

Wettbewerbers dar. Und eine Chance könnte man in der Prognose sehen, daß in den kommenden zwei Jahren eine große Nachfrage nach dem von Ihnen hergestellten Produkt bestehen wird.

Behandlungskonzept

Am Ende der Planungsphase steht nun ein Behandlungskonzept, das Sie schriftlich festhalten können.

„Würdest du mir bitte sagen, wie ich von hier aus am besten weitergehe?"
„Das hängt sehr davon ab, wo du hinwillst."
„Eigentlich ist es mir ziemlich egal...", sagte Alice.
„Dann ist es gleichgültig, wie du weitergehst", sagte die Katze.

Lewis Carroll, „Alice im Wunderland"

Erfolgskontrolle

Wie stellen Sie fest, wann das Unternehmen von seiner Krankheit „geheilt" ist? Dies ist die Aufgabe der Erfolgskontrolle. Zu deren Lösung benötigen Sie spezifische Eckwerte und Kriterien. Ohne eine Erfolgskontrolle haben Sie keinen Behandlungsplan, sondern lediglich ein Sammelsurium von Fakten, Konzepten und Ideen. Diese mögen zwar interessant sein, und vielleicht bewirken sie sogar etwas, aber für eine Gesundung des Unternehmens reichen sie noch lange nicht aus.

Die Kriterien der Erfolgskontrolle können ganz unterschiedlich sein: Umsätze, Gewinne, Marktanteile, Senkung der Personalfluktuation, Steigerung der Kundenzufriedenheit, Qualitätsmessungen. Wichtig ist immer, daß sie der Situation angemessen sind. Sie sollten so spezifisch wie möglich sein. An ihnen muß sich ablesen lassen, was Sie erwarten und zu welchem Zeitpunkt Sie das tun.

Auf diese Weise können Sie die Behandlungsfortschritte kontinuierlich messen.

Die Erfolgskontrolle sollte nur denjenigen Teil des Unternehmens betreffen, den Sie behandeln. Wenn Sie Abteilungsleiter sind, erstreckt sich Ihre Erfolgskontrolle also nur auf Ihre Abteilung, nicht auf das gesamte Unternehmen. Aber nach Möglichkeit sollten Sie die Erfolgskontrolle so planen, daß sie mit den Unternehmenszielen verknüpft ist. Auf diese Weise tragen Sie zur Erfüllung des Unternehmenszwecks bei und helfen gleichzeitig Ihrer Abteilung.

Aber hüten Sie sich vor einer falsch verstandenen Erfolgskontrolle, wie sie im folgenden Fall angewandt wurde. Vor vielen Jahren traf ich als junger Leutnant der Luftwaffe an meinem ersten Stützpunkt ein und ging in den Offiziersclub. An der Wand hing ein beeindruckendes Plakat: „Für den besten Offiziersclub der 2. Luftwaffe". Zu meiner Überraschung konnte ich keinerlei Anhaltspunkte für diese Ehrung finden: Das Essen war gräßlich und die Kellnerinnen unfreundlich. Ganz besonders irritierend fand ich, daß es keine Ketchupflaschen gab, sondern nur die kleinen Plastikbehälter, die auch an Bord der Luftwaffenflugzeuge verwendet wurden.

Schließlich fand ich heraus, daß der „Beste Offiziersclub der 2. Luftwaffe" ausgezeichnet worden war, weil er die höchsten Gewinne erwirtschaftete, nicht weil er den besten Service bot. Aus Kostengründen war ein einfallsreiches Köpfchen darauf verfallen, die nicht benutzten Ketchcup- und Senfbehälter aus der Flugküche abzunehmen. Da sie schon bezahlt waren, bekam der Offiziersclub sie umsonst. Kostenloses Ketchup gleich niedrigere Ausgaben gleich höherer Gewinn.

Was mich angeht, ziehe ich aber Ketchup aus der Flasche vor, wenn ich mich nicht gerade in einem Flugzeug befinde. Also brachte ich bei meinen folgenden Besuchen meine eigene Ketchupflasche mit. Ein paar Monate später nahm zufällig der neue Kommandeur der Flugbasis ein paar Tische von mir entfernt seine Mahlzeit ein. Plötzlich erschien eine Kellnerin am Tisch und griff nach meiner Ketchupflasche mit der Erklärung, der Oberst habe danach verlangt. Ich erwiderte, daß es sich um meine eigene Flasche handele und sie deshalb dem Oberst nicht zur Verfügung stehe. Als ich ihren konsternierten Gesichtsausdruck sah, tat mir mein Verhalten schon fast wieder leid. So lenkte ich ein und meinte, der Oberst könne meine Ketchupflasche *borgen*, und zwar unter einer Bedingung: Sie solle ihm erklären, daß es in diesem Offizierskasino keine Ketchupflaschen für die Gäste gebe. Der Oberst hörte sich dies aufmerksam an und nickte mir dann zu. Von jenem Tag an brauchte ich keine Ketchupflasche mehr mitzubringen. Von nun an schmückten sie sämtliche Tische.

Wenn ich heute an diesen Vorfall zurückdenke, glaube ich, daß es sich nicht nur um einen klassischen Fall von falscher Erfolgskontrolle handelte, sondern auch um ein herausragendes Beispiel für eine korrekte Behandlung.

Management und Implementierung

In diesem Stadium geht es ins Detail. Sie überlegen nun genau, welche Maßnahmen Sie in welcher Reihenfolge ergreifen wollen. Dabei müssen Sie berücksichtigen, wieviel Zeit jeder Schritt erfordert und wer direkt oder indirekt daran beteiligt sein wird. Berücksichtigen Sie alle denkbaren Auswirkungen: Welche anderen Elemente werden ebenfalls betroffen, wenn die Maßnahme nicht wie geplant abgeschlossen wird? All diese Einzelheiten müssen durchdacht und im Plan berücksichtigt werden.

Zur Hilfestellung für diese Planungsphase haben wir ein Instrument entwickelt, das wir den Kontrollplan nennen. Darauf sind alle geplanten Maßnahmen in ihrer zeitlichen Reihenfolge aufgeführt. Er enthält außerdem die Eckpunkte der Erfolgskontrolle. Es handelt sich um ein Hilfsmittel, auf das Sie während des gesamten Behandlungsprozesses zurückgreifen können.

Die Abb. 1 zeigt einen solchen Kontrollplan. Auf der linken Seite tragen Sie die geplanten Schritte und die Mittel zur Erfolgskontrolle ein, in die obere Zeile die zeitliche Planung. Normalerweise empfehlen wir Zeitabschnitte von einer Woche. Sobald Sie

Abb. 1: Kontrollplan des Behandlungsprozesses

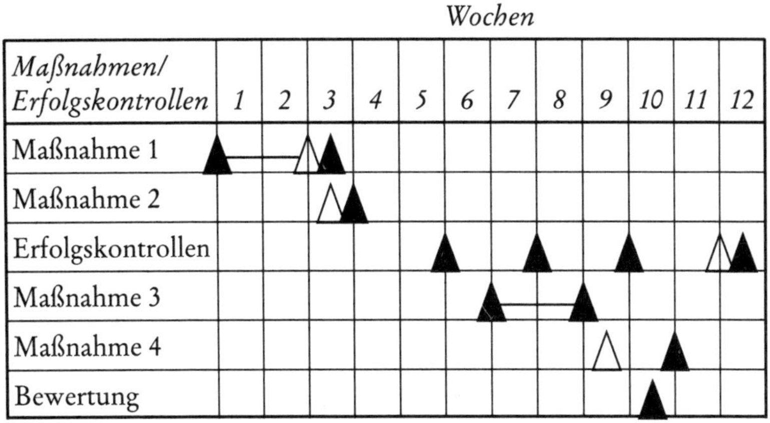

die Behandlung beginnen, können Sie die jeweiligen Datumsangaben eintragen.

Die Dreiecke stellen Meßpunkte dar. Sie können daran ablesen, wann eine geplante Handlung begonnen und beendet sein sollte. Wenn eine Maßnahme sich über eine bestimmte Zeitspanne erstreckt, werden zwei Dreiecke durch eine horizontale Linie verbunden. Sobald eine Maßnahme abgeschlossen wurde, schattieren Sie das entsprechende Dreieck. Wurde die Maßnahme früher als geplant abgeschlossen, zeichnen Sie ein neues, schattiertes Dreieck. Verzögert sich dagegen ihre Durchführung, zeichnen Sie an der entsprechenden Stelle ein neues Dreieck, und schattieren Sie es nach dem Abschluß der Maßnahme. Bei jeder Änderung in der Zeitplanung zeichnen Sie also neue Dreiecke.

Anhand von Abb. 1 soll der zeitliche Ablauf einer Behandlung dargestellt werden, wobei die spezifischen Maßnahmen nicht wichtig sind. Es geht nur darum, die geplanten und tatsächlich durchgeführten Schritte festzuhalten.

Maßnahme 1 wurde pünktlich begonnen, aber mehrere Tage zu spät abgeschlossen. Also wurde am entsprechenden Datum ein neues Dreieck gezeichnet und dann schattiert. Dadurch verzögerte sich auch Maßnahme 2, weshalb ebenfalls ein neues Dreieck eingezeichnet und entsprechend schattiert wurde. Die Erfolgskontrollen waren im Abstand von zwei Wochen vorgesehen und wurden, bis auf die letzte, termingerecht durchgeführt. Maßnahme 3 wurde rechtzeitig begonnen und beendet, aber Maßnahme 4 wurde um über eine Woche verschoben. Die Bewertung wiederum erfolgte laut Plan.

Eventuelle Veränderungen während der laufenden Behandlung können Sie problemlos in den Kontrollplan aufnehmen. Wenn die Behandlung in entscheidenden Punkten abgeändert wird, erstellen Sie einen neuen Plan.

Vielleicht erinnert Sie der Kontrollplan an die Gantt-Charts. Ähnlich wie bei diesen können Sie auch hier die Kosten der Maßnahmen in den Plan aufnehmen. Aus der vertikalen Addition ergeben sich die wöchentlichen Behandlungskosten, aus der horizontalen die Gesamtkosten pro Maßnahme.

Neue Faktoren einplanen

Es ist unmöglich, jedes neue Ereignis im Leben eines Patienten vorauszuahnen – ob es sich um einen Menschen oder eine Organisation handelt. Manchmal ergeben sich aus Veränderungen zu einem unerwartet frühen Zeitpunkt ganz neue Chancen für die Behandlung. Unerwartete Ereignisse können Sie natürlich auch zurückwerfen oder eine Überprüfung der Behandlungsmethoden erfordern. Wenn sich wichtige Voraussetzungen ändern, sollten Sie Ihren Plan überprüfen und nach Bedarf anpassen.

Kein Behandlungsplan sollte in Stein gehauen werden. Bleiben Sie offen und flexibel. Beobachten Sie Ihre Umgebung ständig, und behalten Sie Ihren „Patienten“ im Auge. Manchmal erzielen Sie schnelle Ergebnisse, ein anderes Mal müssen Sie sich in Geduld üben.

Wenn nach einem angemessenen Zeitraum, etwa nach einem Monat, noch keinerlei Anzeichen für eine Besserung zu verzeichnen sind, sollten Sie Ihren Behandlungsplan überprüfen. Vielleicht ist es notwendig, die Abfolge der Maßnahmen umzustellen, einen Bestandteil des Konzepts zu ändern oder einen ganz neuen Plan zu erarbeiten. Wenn eine Therapie tatsächlich wirkungslos ist, dann gibt es bestimmt eine andere, mit der Sie mehr Erfolg erzielen. Wie bei jeder Krankheit schlägt die eine Arznei vielleicht sehr gut an und eine andere überhaupt nicht. Das ist ganz normal.

Sollten neue Symptome auftreten oder die bestehenden sich verändern, müssen Sie Ihre Diagnose überprüfen. Die Behandlung von Unternehmenskrankheiten ist, wie die Medizin oder klinische Psychologie, ebensosehr eine Kunst wie eine Wissenschaft.

Zusammenfassung

Sobald Sie Ihre Diagnose gestellt und bestätigt haben, muß ein schriftlicher Behandlungsplan ausgearbeitet werden, in dem Sie genau festlegen, welche Maßnahmen Sie durchführen möchten. Dies ist eine wesentliche Voraussetzung für den Erfolg der Behandlung. Der erste Schritt in diesem Planungsprozeß besteht darin, das Behandlungskonzept zu entwickeln: Sie suchen nach relevanten Faktoren in der Umgebung, listen mögliche Alternativkonzepte mit ihren Vor- und Nachteilen auf, analysieren diese Alternativen und wählen dann die bestmögliche aus.

Nun haben Sie einen schriftlichen Plan mit spezifischen Maßnahmen vorliegen, auf den Sie jederzeit zurückgreifen können. Zur Erfolgskontrolle dienen zeitlich fixierte Meßpunkte.

Während der Behandlung sollten Sie die Fortschritte Ihres „Patienten“ ständig überwachen. Wenn die Ergebnisse nicht wie erwartet ausfallen oder wenn neue Variablen auftauchen, muß der Plan an die neuen Gegebenheiten angepaßt werden.

14 Eine Erfolgsgeschichte

Man sollte sich die notwendige Zeit zum Überlegen nehmen, aber nicht zögern, wenn es an der Zeit zum Handeln ist.
Napoleon Bonaparte

Erkenne, was du kannst.
Thomas Carlyle, schottischer Essayist

Don Severn war zwölf Jahre bei einem Luftfahrtkonzern beschäftigt, als er Marketingleiter für seinen Geschäftsbereich werden sollte. Zuerst wollte Don die Beförderung nicht annehmen. Seine Domäne war die Entwicklung, für die er schließlich ausgebildet worden war. Hier fühlte er sich zuhause. So hatte er als Projektleiter für Hunderte Millionen Dollar ein wichtiges Waffensystem entwickelt. Er überlegte hin und her und teilte dann dem Präsidenten mit, daß er lieber warten wolle, bis eine entsprechende Stelle in der Entwicklung frei würde.

Er konnte trotzdem noch überzeugt werden, daß diese Beförderung der richtige Schritt für ihn sei. Als die Würfel gefallen waren, stürzte sich Don mit Elan auf seine neue Aufgabe. In seiner neuen Position trug er die Führungsverantwortung für die Marketingmanager, für ihre Einstellung, Weiterbildung und Aufgabenverteilung sowie für die Kundenakquisition und die Teilnahme an Ausschreibungen. Außerdem war er der erste Berater des Präsidenten in Marketingfragen. Seine Abteilung bestand aus zwölf Marketingmanagern, einem kleinen Stab von Marktforschern sowie dem Büro- und Verwaltungspersonal.

Don tat alles, was in seinen Kräften stand, um der neuen Aufgabe gewachsen zu sein. Er absolvierte Marketingseminare und belegte Abendkurse am örtlichen College. Er nahm die Meinung und die Ratschläge seiner Manager ernst und vermied überstürzte Entscheidungen. Schließlich hatte er das Vertrauen und den Respekt seiner Mitarbeiter gewonnen und wurde auch vom Topmanagement uneingeschränkt anerkannt. Man schrieb seiner Abteilung eine maßgebliche Rolle zu, als mehrere wichtige Aufträge der US-Regierung gewonnen werden konnten. In nur fünf Jahren war er für viele zum Marketingexperten geworden.

Doch am Horizont waren auch einige Wolken erschienen, die das Bild trübten. Die Umsätze in seinem Bereich waren seit zwei Jahren rückläufig. Dies war teilweise auf Kürzungen im Verteidigungsetat zurückzuführen, unter denen auch andere Unternehmen der Branche litten. Das Beunruhigende war jedoch, daß die Erfolgsquote bei den Ausschreibungen, an denen die Abteilung teilnahm, von fast 35 Prozent in guten Jahren auf magere 12 Prozent gesunken war. Gleichzeitig gingen immer weniger der begehrten Großaufträge ein. Don beauftragte deshalb einige Mitarbeiter mit einer Wettbewerbsanalyse. Die Ergebnisse waren besorgniserregend. Während die Branchenumsätze zwar insgesamt ebenfalls zurückgingen, schnitt Dons Abteilung weit schlechter als die Wettbewerber ab. Einige Manager glaubten, der Grund dafür seien die hohen Preise, die sie verlangten.

Don verlor keine Zeit. Er engagierte Berater, die sich auf Ausschreibungsverfahren spezialisiert hatten und mit seiner Abteilung sowie den maßgeblich beteiligten Ingenieuren zusammenarbeiteten. Die Berater kamen zum Ergebnis, daß der Preis nicht das Hauptproblem sei. Sie wiesen Dons Mitarbeiter auf einige Aspekte hin, auf die sie bei der Ausarbeitung ihrer Angebote bisher zu wenig geachtet hatten. Tatsächlich wurden die Angebote nun besser, aber die Abteilung erhielt den Zuschlag kaum häufiger als früher. Die Berater stellten in Aussicht, daß sich dies im Lauf der Zeit bessern werde.

Don war da nicht so sicher. Immer noch entgingen ihm zu viele mögliche Aufträge. Hinzu kam, daß der Präsident ihm nun auch die Verantwortung für die Lokalisierung neuer Märkte übertragen hatte. Don befürchtete, daß die neue Aufgabe ihn vor Probleme stellen würde, von deren Existenz er bisher nicht einmal gehört hatte. Er wollte sich möglichst unbelastet darauf konzentrieren können. Da fiel ihm ein, daß er einmal von der Idee gehört hatte, Unternehmen mit klinischen Methoden zu behandeln. Er fragte sich, ob seine Abteilung möglicherweise an einer psychischen Störung litt.

Zunächst einmal überlegte er in Ruhe, was er eigentlich über sich und seine Abteilung wußte. In seiner Zeit als Entwicklungsingenieur hatte Don die anstehenden Entscheidungen meist alleine getroffen. Als er ins Marketing wechselte, war ihm klar, daß man hier ein anderes Verhalten von ihm erwartete. Er vollzog einen Wandel um hundertachtzig Grad und wandte einen partizipativen Stil an – mit großem Erfolg. Die meisten wichtigen Entscheidungen traf er gemeinsam mit seinen Marketingmanagern. Er war stolz darauf, daß seine Teams sich jeder neuen Aufgabe stellten, ohne daß er sie ständig antreiben oder überwachen mußte.

Don wurde im Lauf seiner Überlegungen jedoch auch klar, daß seine Mitarbeiter sich manchmal an Ausschreibungen beteiligten, die eine Nummer zu groß für sie waren. Er stellte auch fest, daß sie mit einer völlig unbegründeten, übersteigerten Zuversicht den Zuschlag erwarteten. Sie befanden sich auf einer Achterbahn: Enthusiastisch stürzten sie sich auf die Ausarbeitung eines Angebots, waren sich sicher, daß sie das Rennen machen würden, und landeten dann unsanft auf dem Boden der Tatsachen, wenn sie eine Absage erhielten. Eine Zeitlang fühlten sie sich dann sehr schlecht. Aber kaum bot sich eine neue Chance, sprangen sie wieder auf die Beine und stürzten sich fieberhaft in die Arbeit.

Wäre Don ein erfahrener Unternehmenspsychiater gewesen, hätte er zu diesem Zeitpunkt vielleicht schon an eine manische Depression gedacht. Aber selbst erfahrene Therapeuten gehen langsam vor, so auch Don.

Die Diagnose

Don beschloß, den Gesundheitstest für Unternehmen durchzuführen. Die Resultate zeigten, daß es sich bei seiner Abteilung um einen Grenzfall handelte:

Manisches Verhalten	17
Manische Depression	26
Schizophrenie	20
Paranoia	16
Neurotisches Verhalten	20
Depression	20
Suchtverhalten	25
Zwangsverhalten	18
Posttrauma	18
Gesamt:	180

Das Gesamtergebnis von 180 lag genau an der Grenze zwischen gesund und krank, so daß es keinen eindeutigen Hinweis auf eine Störung lieferte. Doch zwei Einzelergebnisse verdienten nähere Aufmerksamkeit. Die Punkte für die manische Depression und das Suchtverhalten waren so hoch, daß ein Verdacht auf eine Störung nahelag.

Nun bat Don neun Mitglieder seiner Abteilung, den Gesundheitstest durchzuführen. Ihre Ergebnisse stimmten frappierend mit seinen eigenen überein, so daß sich folgende Mittelwerte ergaben:

Manisches Verhalten	21
Manische Depression	31
Schizophrenie	21
Paranoia	18
Neurotisches Verhalten	21
Depression	21
Suchtverhalten	22
Zwangsverhalten	21
Posttrauma	20
Gesamt:	196

Wenn überhaupt, gab es nur einen Unterschied: Dons Mitarbeiter hielten das Problem für schwerwiegender als er selbst. Don wagte eine vorläufige Prognose: manische Depression.

Bestätigung der Diagnose

Don wußte, wie wichtig es war, seine Diagnose eindeutig zu bestätigen, und machte sich an die Arbeit. Er ging vor wie ein waschechter Ingenieur. Zuerst ließ er sich die gesamten abteilungsinternen Mitteilungen der vergangenen beiden Jahre heraussuchen. Außerdem ließ er sich Kopien des internen Nachrichtenbriefes machen, der im gleichen Zeitraum erschienen war. Dann überprüfte er all diese Unterlagen in der Hoffnung, ein ihm bisher verborgen gebliebenes Muster zu entdecken. Er fand 32 Aktennotizen, in denen von einem bevorstehenden Erfolg oder zumindest positiven Erwartungen die Rede war. In manchen Mitteilungen ging es um bestimmte Projekte, in anderen um Umstrukturierungen oder neue Arbeitskonzepte in der Abteilung. Er fand 14 eigene Aktennotizen, in denen er verschiedene Probleme angesprochen oder ein Abschiedsessen für einen der Marketingmanager angekündigt hatte. Don erfaßte die Ereignisse in einer Tabelle und stellte fest, daß sie einem Muster folgten: Erfolge oder Erfolgshoffnungen wechselten sich mit Niederlagen ab. Als er diesen Zyklus von Hochstimmung und Depression herauskristalliert hatte, hegte Don keinen Zweifel mehr: Seine Abteilung litt an manischer Depression.

Die Entwicklung des Behandlungskonzepts

Relevante Faktoren

Als nächstes zog sich Don mit einem großen Block zurück und erstellte die folgende Liste relevanter Faktoren:

- Der Umsatz der Abteilung ist in den vergangenen zwei Jahren zurückgegangen. Dies ist nur zum Teil auf den branchenweiten, durch den Verlust von Regierungsaufträgen bedingten Umsatzrückgang zurückzuführen.

- Die Erfolgsquote bei den Ausschreibungen sinkt.
- Immer mehr wertvolle, zukunftssichernde Aufträge entgehen uns.
- Unsere Abteilung schneidet bedeutend schlechter als unsere Wettbewerber ab.
- Dank unserer Berater haben wir zwar bessere Angebote gemacht, aber die Erfolgsquote hat sich nicht nennenswert geändert.
- Wir treffen wichtige Entscheidungen immer im Team. So erklärt sich vermutlich das unverminderte Engagement der Mitarbeiter trotz schwerer Mißerfolge.
- Zwar leidet die Abteilung wahrscheinlich an manischer Depression, aber gleichzeitig ist auch die Punktezahl für das Suchtverhalten erhöht.
- Wir haben zwei Umstrukturierungen durchgeführt, die ziemliche Flops waren. Also wurde alles wieder beim alten gelassen.
- Die Fluktuation ist hoch: In zwei Jahren haben sechs Marketingmanager gekündigt.
- Da für die erfolgreiche Teilnahme an Ausschreibungen nicht nur ein gutes Angebot, sondern auch viele andere Elemente entscheidend sind (Kundenkontakt, die innere Einstellung etc.), könnte die Krankheit die Ausschreibungserfolge auch in anderer Hinsicht beeinträchtigen.
- Das Topmanagement scheint Vertrauen in mich zu setzen.
- Wenn die Krankheit nicht behandelt wird, beeinträchtigt sie wahrscheinlich auch andere Leistungsbereiche, wenn wir demnächst neue Märkte erschließen.

Als Don diesen letzten Punkt niederschrieb, hielt er inne. Gab es außer der sinkenden Erfolgsquote bei den Ausschreibungen noch weitere Symptome für die manische Depression? Gab es weitere Bereiche, für die emotionale Achterbahnfahrten typisch waren? Zwei Dinge fielen ihm ein.

Er dachte an das Team, das er mit der Sondierung neuer Märkte beauftragt hatte. Die Teammitglieder begeisterten sich regelmäßig für vermeintliche Chancen, nur um sie tief deprimiert wieder zu verwerfen, sobald sie erste negative Informationen erhielten. Es hätte schon beinahe lustig sein können. Don mußte ihnen sogar helfen, aus der Depression herauszukommen, bevor sie sich wieder der nächsten Chance zuwandten.

Der zweite Fall, an den Don dachte, war noch amüsanter. Die Abteilung traf sich freitagabends zum Bowling und spielte gegen die anderen Abteilungen. Dabei hatten Dons Leute nie besonders gut abgeschnitten, doch sie spielten ohnehin nur zum Vergnügen. In jüngerer Zeit jedoch schienen sie ihre Bowlingabende ernster zu nehmen. Wenn sie gewannen, redeten sie am Montagmorgen über nichts anderes. Bei einer Niederlage dagegen hätte man meinen können, ein schwerer Schicksalsschlag habe sie getroffen.

Don war sich nicht ganz sicher, ob diese Faktoren wichtig waren, und beschloß, sie vorsichtshalber in seine Liste aufzunehmen.

Alternative Behandlungsmethoden

Bei der manischen Depression geht es im wesentlichen darum, das Unternehmen wieder unter Kontrolle zu bekommen. Dazu sind klare Strukturen, Disziplin und strikte Kontrollen notwendig. Don entwickelte die folgende Liste möglicher Behandlungsstrategien und beschrieb ihre Vor- und Nachteile.

Alternative 1: Ich schicke die Abteilung wieder auf die Schulbank, damit sie lernt, bei Ausschreibungen optimale Angebote einzureichen.

Vorteile:
1. Die Angebote wurden aufgrund des Beratereinsatzes schon verbessert. Sicherlich könnten weitere Verbesserungen durch Schulungen in anderen Bereichen erzielt werden.
2. Zusätzliche Schulungen stellen meinen derzeitigen Führungsstil nicht in Frage.

3. Zusätzliche Schulungen könnten derzeit problemlos in die Planung integriert werden, so daß sie die Abteilungsmitglieder nicht aus ihrer Arbeit herausreißen würden.

Nachteile:
1. Durch die vorangegangenen Bemühungen konnten zwar die Angebote verbessert werden, nicht aber die Erfolgsquote.
2. Wenn die intensiven Schulungen nicht zu den erhofften Erfolgen führen, könnten die depressiven Phasen im Krankheitszyklus noch extremer ausfallen.
3. Selbst wenn derartige Schulungen erfolgreich wären, würden sie nur die in einem speziellen Bereich auftretenden Symptome beheben.

Alternative 2: Ich verändere meinen Führungsstil. Ich treffe alle wichtigen Entscheidungen selbst und wende einen autoritärer geprägten Führungsstil an, wie damals als Entwicklungsingenieur.

Vorteile:
1. Ich habe diesen Stil schon einmal erfolgreich angewandt, so daß er mir nicht fremd ist. Außerdem habe ich schon einmal meinen Führungsstil gewechselt und weiß, daß ich dazu in der Lage bin.
2. Durch einen autoritären Stil hätte ich die vollständige Kontrolle. Dann würde ich alleine bestimmen, an welchen Ausschreibungen wir teilnehmen. Ich könnte die Erwartungen herunterschrauben und damit den manischen Abschnitt des Zyklus direkt bekämpfen.
3. Heute verfüge ich über die Marketingerfahrungen, die mir am Anfang gefehlt haben. Meinen partizipativen Stil habe ich ja gerade wegen meiner mangelnden Erfahrungen angenommen.

Nachteile:
1. Einen grundlegend neuen Führungsstil anzunehmen, ist wahrlich keine Kleinigkeit. Vermutlich werde ich mit sämtlichen

Mitarbeitern Probleme bekommen, wenn ich den partizipativen Stil plötzlich abschaffe.
2. Als ich meinen Stil beim letzten Mal geändert habe, kam ich in eine ganz neue Organisation; heute dagegen kennen mich alle meine Mitarbeiter, so daß es vermutlich weit schwieriger wäre.
3. *Ich wende Standardverfahren an, falls es mir nicht gelingt, mit meinem partizipativen Stil mehr Kontrolle zu erlangen.*

Vorteile:
1. Standardverfahren stellen meinen partizipativen Führungsstil nicht grundsätzlich in Frage.
2. Ich kann die neuen Regeln oder Methoden gemeinsam mit dem Team einführen.

Nachteile:
1. Wenn man sich zu sehr auf die Standardverfahren verläßt, könnte das die Leistungsbereitschaft und Kreativität beeinträchtigen.
2. Bei einer neuen Ausrichtung meiner Politik könnte es Schwierigkeiten mit der Disziplin geben.

Analyse der Alternativen

Nun unterzog Don die drei Alternativen einer sorgfältigen Überprüfung. Er kam schnell zum Ergebnis, daß zusätzliche Schulungen (Alternative 1) kaum nützlich seien. Die Abteilung wußte mittlerweile, was sie tun mußte, um ein gutes Angebot abzugeben. Die schon durchgeführten Schulungen hatten wenig dazu beigetragen, die Erfolgsquote zu verbessern, also würden weitere Schulungen wohl auch nicht viel bewirken. Außerdem war ihm klar, daß die niedrige Erfolgsquote bei den Ausschreibungen nur ein Symptom war, nicht aber die Krankheit selbst. Die Schulungen würden ihm die benötigte Kontrolle nicht verschaffen. Diese Alternative wäre also leicht durchzuführen, böte aber nur geringe Heilungschancen.

Eine grundlegende Veränderung des Führungsstils – Alternative 2 – stellt einen tiefen Eingriff dar. Der plötzliche Wechsel von einem autoritären auf einen partizipativen Stil oder umgekehrt birgt erhebliche Gefahren. Don hatte das Gefühl, daß es ihm gelingen könnte, die manische Depression mit einem autoritären Stil in den Griff zu bekommen, zumal er selbst nicht manisch-depressiv war. Andererseits ging er damit das nicht zu unterschätzende Risiko ein, daß der plötzliche Umschwung neue psychische Probleme in der Abteilung auslösen könnte. Don beschloß, sich diese Behandlung nur als letzte Möglichkeit vorzubehalten.

Die Einführung von Standardverfahren – Alternative 3 – barg zwar ebenfalls Risiken, aber diese waren minimal, vor allem, weil allen Beteiligten bewußt war, daß die Abteilung Probleme hatte. Außerdem konnte Don bei der Einführung der neuen Verfahren seinen partizipativen Entscheidungsfindungsstil anwenden. Auf diese Weise sicherte er sich von Anfang an die Unterstützung seiner Mitarbeiter. Don war überzeugt, daß diese genügend Ideen hätten, die zur allgemeinen Besserung der Lage beitragen würden. Für den Fall, daß diese Alternative versagte, konnte er immer noch auf drastischere Methoden zurückgreifen, wie etwa die Übernahme eines autoritären Führungsstils.

Auswahl des geeigneten Behandlungskonzeptes

Don beschloß, die Behandlung in zwei Schritten durchzuführen. Zunächst einmal wollte er in allen Bereichen der Abteilung formale Kontrollmechanismen einführen. Wenn nach sechs Monaten keine signifikante Besserung eingetreten wäre, wollte er eine zweite Behandlungsmethode anwenden – die autoritäre Führung.

Entwicklung des Behandlungsplans

Don wußte nun, was er tun wollte. Der nächste Schritt hieß zu definieren, wie er das tun wollte. Dazu schrieb er einen Behandlungsplan.

Diagnose und Situationsanalyse

Hier faßte Don die gesamte Situation zusammen. Er zeichnete auf, welche Auffälligkeiten vorlagen, welche Diagnose er erstellt hatte und was er tun wollte.

Probleme, Gefahren, Chancen

Don identifizierte zwei zentrale Probleme und Gefahren:

1. Die Luftfahrtbranche befindet sich in einer Krise und verzeichnet rückläufige Umsätze mit den traditionellen Kunden. Unter diesen Bedingungen muß ein Unternehmen unbedingt gesund und stabil sein, um wettbewerbsfähig zu bleiben.
2. Obwohl sich die Symptome der Krankheit im Augenblick nur im Bereich der Ausschreibungen manifestieren, könnten schon weitere Bereiche betroffen sein oder in naher Zukunft betroffen werden.

Gleichzeitig erkannte er aber auch zwei Chancen:

1. Da meine Vorgesetzten Vertrauen in mich setzen und das Unternehmen und mein Bereich keine finanziellen Schwierigkeiten haben, stehen wir im Moment nicht unter Zeitdruck.
2. Unser Team ist so gut eingespielt, daß sich dies positiv auf die Durchführung der Behandlung auswirken wird.

Erfolgskontrolle

Don erkannte, daß ihm mit der Erfolgsquote bei den Ausschreibungen ein hervorragendes Kriterium zur Erfolgskontrolle zur Verfügung stand. Wenn die Quote sich erhöhte, konnte er davon ausgehen, daß die Abteilung auf dem Weg der Besserung war. Da er wußte, wie wichtig es war, konkrete Ziele zu setzen, gab er einige Zahlen vor: Nach drei Monaten sollte die Quote bei 16 Prozent, nach sechs Monaten bei 25 Prozent liegen.

Dann fiel ihm ein, daß er auch schon in anderen Bereichen Krankheitssymptome festgestellt hatte. Don, der Ingenieur, beschloß, sich auf neues Terrain zu wagen und in die Gefühlswelt vorzustoßen. Er wollte versuchen, die Gefühlsschwankungen bei seinen Mitarbeitern zu erfassen, um herauszufinden, ob sich das extreme Auf und Ab im Lauf der Behandlung abschwächen würde.

Also zog er einen Personalexperten des Unternehmens zu Hilfe, und gemeinsam arbeiteten sie einen Fragebogen für alle Mitarbeiter aus, um die Intensität der Gefühle nach bestimmten Ereignissen zu messen. So mußte die Bowling-Mannschaft jeden Montag vormittag die Frage beantworten:

Was für ein Gefühl haben Sie, wenn Sie an den Sieg (die Niederlage) vom Freitag denken?

- ☐ Außerordentlich niedergeschlagen
- ☐ Sehr niedergeschlagen
- ☐ Niedergeschlagen
- ☐ Neutral
- ☐ Stolz
- ☐ Sehr stolz
- ☐ Außerordentlich stolz

Natürlich legte Don großen Wert darauf, daß seine Mitarbeiter über den Sinn dieses Fragebogens informiert wurden. Schließlich wollte er mit seinen Maßnahmen nicht noch weitere Probleme schaffen.

Don fühlte sich bei diesem Bestandteil der Behandlung zwar etwas unsicher, doch sein interner Berater stand ihm zur Seite. Sie hofften, daß die Angaben auf den Fragebögen sich im Lauf der Zeit im neutralen Bereich ansiedeln würden.

Management und Durchführung

Um die Einzelheiten seines Behandlungsplans auszuarbeiten, verließ sich Don auf seinen wertvollsten Aktivposten: seine Teammitglieder. Mit Hilfe der Instrumente und Prozesse, mit denen sie in der Vergangenheit so erfolgreiche Marketingkampagnen entwickelt hatten, planten seine Mitarbeiter nun ihre eigene Zukunft.

Zunächst befaßten sie sich mit den Ausschreibungen. Sie sollten Verfahren entwickeln, mit denen ausgeschlossen werden konnte, daß die Abteilung sich an ohnehin aussichtslosen Ausschreibungen beteiligt. Zu diesem Zweck erarbeiteten sie spezifische, quantifizierbare Kriterien. Wenn ein Projekt diese Minimalanforderungen nicht erfüllte, bedeutete das automatisch den Verzicht auf die Ausschreibung.

Bei der Festsetzung dieser Kriterien gingen Dons Mitarbeiter wissenschaftlich exakt vor. Sie analysierten nämlich Daten aus Ausschreibungsverfahren, die sie in der Vergangenheit gewonnen oder verloren hatten. Sie legten fest, wie häufig ein persönlicher Kontakt mit potentiellen Kunden stattfinden sollte und bewerteten die Qualität dieser Kontakte sogar. Wenn bei einer Ausschreibung die erforderliche Mindestzahl von Kontakten nicht möglich war, verzichtete man auf eine Teilnahme. Außerdem entwickelten Dons Mitarbeiter eine Methode, um die Angebote nach ihrer Schwierigkeit zu klassifizieren. Sobald diese und weitere Kontrollen wirksam wurden, hörten die Mitarbeiter der Abteilung auf, manisch jede noch so unwahrscheinliche Chance zu ergreifen, und sie waren nicht mehr deprimiert, wenn sie keinen Zuschlag erhielten.

Dieselben Methoden wandte Don gleichzeitig bei seinem neuen Team zur Sondierung neuer Märkte an. Er beauftragte die Teammitglieder, Kriterien zur Definition echter Chancen zu entwickeln. Auch diese Gruppe gelangte zu quantitativen Werten, die es ihr erleichterten zu entscheiden, welche Chancen lohnenswert waren und welche nicht. Durch dieses Vorgehen wurden die Teammitglieder gezwungen, jede Situation realistisch zu beurteilen. Dies führte sogar dazu, daß manche Projekte wiederaufgenommen wurden, die sie schon abgeschrieben hatten.

Beide Teams erstellten zu Beginn ihrer Arbeit einen Zeitplan. Wieviel Zeit würden sie benötigen, um die neuen Verfahren zu entwickeln? Sie legten die jeweilige Zeitdauer einer jeden geplanten Maßnahme fest und fügten mit Dons Hilfe die Daten zur vierzehntägigen Erfolgskontrolle sowie das Datum für die abschließende Bewertung ein. Dann übertrugen sie ihre Planung in den Behandlungsplan (siehe Abb. 2).

Ergebnisse

Die Abteilung sprach auf Dons Behandlung sehr gut an. Nach nur zwei Wochen ergaben die Antworten auf den Fragebögen, daß die Intensität der Gefühlsschwankungen nachließ. Die erste Kontrolle ergab einen Rückgang um 5,5 Prozent. Die Verbesserung der Erfolgsquote zeigte sich zunächst bei den kleineren Angeboten, da sie häufiger waren. Die Ergebnisse übertrafen alle Erwartungen. In nur drei Monaten verbesserte sich die Quote um 21 Prozent. Selbst bei größeren Verträgen, wo der Ausschreibungsprozeß länger dauerte, zeigte die Erfolgsquote schon im vierten Monat deutlich nach oben. Die zweiwöchentlichen Kontrollen ergaben regelmäßig, daß die Achterbahnfahrten immer weniger stürmisch wurden: Die extreme Hochstimmung vor der Abgabe eines Angebots und die ebenso extreme Depression nach einer Ablehnung gingen kontinuierlich zurück.

Heute befindet sich Dons Abteilung in Bestform. Ihre Wettbewerbsfähigkeit ist wiederhergestellt. Was auch immer die Zukunft bringen mag, Don weiß, daß sein Team für alle Herausforderungen gerüstet ist.

Abb. 2: Der Behandlungsplan der Marketingabteilung

Datum: 20. August 1994
Diagnose: Manische Depression

	Woche											
Maßnahmen/ Erfolgskontrollen	*1*	*2*	*3*	*4*	*5*	*6*	*7*	*8*	*9*	*10*	*11*	*12*
Kontrollverfahren für die Ausschreibungen ausarbeiten	△	—	△									
Kontrollverfahren anwenden			△									
Erfolgskontrollen						△		△		△		
Neue Kontrollverfahren für die Marktsondierung erarbeiten							△	—	△			
Neue Kontrollverfahren einsetzen									△			
Abschließende Bewertung: Behandlung erforderlichenfalls abändern										△		

Zusammenfassung

In diesem Kapitel haben wir gesehen, wie ein Manager an vorderster Front des Geschehens eine Störung behandelte, die die Produktivität beeinträchtigte und weitere Schäden anzurichten drohte. Mit Hilfe eines strukturierten Planungsprozesses gelang es ihm, die Krankheit zu diagnostizieren, seine Diagnose zu bestätigen, die Behandlungsalternativen zu analysieren, sich für die beste zu entscheiden und schließlich einen Behandlungsplan und eine Strategie zur Durchführung sinnvoller Erfolgskontrollen zu erarbeiten.

Unser letzter Rat an Sie lautet, flexibel und innovativ zu sein, wenn Sie Ihr Unternehmen behandeln. Vor Ihnen liegen interessante Herausforderungen und vielversprechende Erfolgsaussichten.

Anhang A:

Der Gesundheitstest

Anweisungen: Kreisen Sie ein, inwieweit Sie die folgenden Aussagen über Ihr Unternehmen für zutreffend halten.

1 = trifft überhaupt nicht zu
2 = trifft nicht zu
3 = weiß nicht
4 = trifft zu
5 = trifft in besonders starkem Maß zu

1. Viele Manager zweifeln an ihren Fähigkeiten und treffen keine Entscheidung, wenn sie nicht von höherer Stelle grünes Licht bekommen haben.	1	2	3	4	5
2. Das Unternehmen verfolgt immer mehr Ziele, die sich gleichzeitig immer weiter von der Realität entfernen.	1	2	3	4	5
3. Einmal heißt es, daß wir das beste Jahr in der Firmengeschichte hatten, ein anderes Mal wieder, daß wir in Schwierigkeiten stecken. Dieser Zyklus wiederholt sich ständig.	1	2	3	4	5
4. Niemand kümmert sich um anstehende Probleme.	1	2	3	4	5
5. Wohin man auch blickt, überall herrschen Desorganisation und Chaos.	1	2	3	4	5
6. Wenn ein Mitarbeiter auf Probleme hinweist, leugnen andere ab, daß sie existieren.	1	2	3	4	5
7. Keiner traut dem anderen.	1	2	3	4	5
8. Meine Arbeit scheint meinem Chef nie gut genug zu sein.	1	2	3	4	5

9. Die Mitarbeiter wirken wie in einem Schockzustand. 1 2 3 4 5
10. Die Beschäftigten scheinen nicht zu wissen, was sie tun sollen. 1 2 3 4 5
11. Das allgemeine Motto scheint zu lauten: „Bitte keine Fakten und Details, das schafft nur Verwirrung." 1 2 3 4 5
12. An einem Tag werde ich als Held gefeiert, am nächsten wirft man mir vor, ein Versager zu sein. 1 2 3 4 5
13. Niemand scheint Energie für die Arbeit aufzubringen. 1 2 3 4 5
14. Absolutes Chaos! Niemand weiß, was als nächstes geschieht. 1 2 3 4 5
15. Die Mitarbeiter wiederholen bestimmte Handlungsweisen immer wieder, selbst dann, wenn sie gar nicht das gewünschte Ergebnis bringen. Sie haben aber immer eine rationale Erklärung dafür parat, warum sie so und nicht anders handeln. 1 2 3 4 5
16. Jeder scheint die Politik der Geschäftsführung zu fürchten. 1 2 3 4 5
17. Mein Chef schaut mir ständig über die Schulter, um jeden Arbeitsschritt zu kontrollieren. 1 2 3 4 5
18. Die Manager verhalten sich auf nicht nachvollziehbare Weise, als hätten sie einen Schock erlitten. 1 2 3 4 5
19. Das Unternehmen weiß einfach nicht, welche Maßnahmen es ergreifen soll. 1 2 3 4 5
20. Die Mitarbeiter schwimmen auf einer Woge der Begeisterung, so daß sie unüberlegt handeln. 1 2 3 4 5
21. Wir wissen nie, was als nächstes kommt: Das Unternehmen befindet sich entweder in einem ausgeprägten Hoch oder in einem ausgeprägten Tief. 1 2 3 4 5

22. Niemand engagiert sich wirklich.	1	2	3	4	5
23. In der Firma hapert es an Planung und Organisation.	1	2	3	4	5
24. Es herrscht die Einstellung vor, daß wir mehr als alle Experten, einschließlich der Kunden, wissen.	1	2	3	4	5
25. In diesem Unternehmen kann man niemandem trauen.	1	2	3	4	5
26. Hier wird prinzipiell nichts akzeptiert, was nicht völlig perfekt ist.	1	2	3	4	5
27. Die Firmenangehörigen wirken geistesabwesend und reagieren nicht, als wollten sie nicht an ihre Erfahrungen erinnert werden.	1	2	3	4	5
28. Die Mitarbeiter holen zu oft die Genehmigung ihrer Vorgesetzten ein, bevor sie handeln, offensichtlich aus Angst.	1	2	3	4	5
29. Die Mitarbeiter konzentrieren sich zu stark auf die angestrebten Ergebnisse, so daß sie wichtige Einzelheiten übersehen.	1	2	3	4	5
30. An einem Tag heißt es Hü, am nächsten wieder Hott.	1	2	3	4	5
31. Es gibt nur wenige Dinge in der Firma, hinter denen echtes Engagement steckt.	1	2	3	4	5
32. Wir wissen nicht, wer die Verantwortung trägt; die Organisation ist miserabel.	1	2	3	4	5
33. Die Mitarbeiter sind unsicher. Sie verbergen ihre Probleme und suchen nach Ausflüchten.	1	2	3	4	5
34. Jeder ist übermäßig mißtrauisch, egal, worum es geht.	1	2	3	4	5
35. Es dauert eine kleine Ewigkeit, bis Entscheidungen getroffen werden, weil vorher immer wieder geprüft wird, ob wirklich alles seine Richtigkeit hat.	1	2	3	4	5

36. Ein banaler Vorfall kann merkwürdige Reaktionen hervorrufen: Die Mitarbeiter reagieren, als hätten sie einen Schock erlitten oder als seien sie gelähmt.	1 2 3 4 5
37. Unwichtigen Dingen wird viel Beachtung geschenkt.	1 2 3 4 5
38. Das obere Management akzeptiert abstruse Vorschläge ohne nähere Prüfung.	1 2 3 4 5
39. Man gratuliert einem Mitarbeiter zu seinen guten Leistungen, und wenige Wochen später wird er gefeuert.	1 2 3 4 5
40. Selbst hervorragende Ideen stoßen auf geringes Interesse.	1 2 3 4 5
41. Auch an einfache Probleme geht man mit chaotischen Verhaltensweisen heran.	1 2 3 4 5
42. Wir lernen nichts aus unseren Fehlern. Wir analysieren sie nicht und wiederholen sie deshalb ständig.	1 2 3 4 5
43. Die Leute haben schreckliche Angst, daß „Big Brother" sie beobachtet.	1 2 3 4 5
44. Es gibt Verfahren, von denen jeder weiß, daß sie keinerlei Sinn und Nutzen haben.	1 2 3 4 5
45. Die Mitarbeiter scheinen manchmal an Dingen Anstoß zu nehmen, die ihnen eigentlich vertraut sein müßten.	1 2 3 4 5
46. Wir haben gute Pläne, sind aber nicht in der Lage, sie auszuführen.	1 2 3 4 5
47. Jemand unterbreitet einen einfachen Vorschlag, und ehe er sich versieht, wird ein grandioser Plan daraus gemacht.	1 2 3 4 5
48. Man erfährt nicht, was das Management tatsächlich über unsere Leistungen denkt: Lob und Tadel wechseln sich ab.	1 2 3 4 5
49. Niemand zeigt Initiative; allen mangelt es an Energie.	1 2 3 4 5

50. Es fällt mir schwer herauszufinden, wer wofür zuständig ist.	1	2	3	4	5
51. Wenn Kunden sich beschweren, heißt es bei uns generell, daß sie eben das Problem nicht verstehen.	1	2	3	4	5
52. Die Mitarbeiter sind äußerst zurückhaltend, wenn es darum geht, Informationen an andere Abteilungen weiterzugeben.	1	2	3	4	5
53. Die Mitarbeiter leisten großartige Arbeit, werden aber trotzdem kritisiert, weil sie nicht perfekt sind.	1	2	3	4	5
54. Die Mitarbeiter reagieren merkwürdig auf Ereignisse.	1	2	3	4	5
55. Die Mitarbeiter zweifeln an ihrer eigenen Fähigkeit, Leistungen zu erbringen, und haben Angst davor, die Initiative zu ergreifen.	1	2	3	4	5
56. Die Organisation verfolgt unrealistische Ziele.	1	2	3	4	5
57. An einem Tag herrscht Hochstimmung, am nächsten tiefe Verzweiflung.	1	2	3	4	5
58. Viele Mitarbeiter sind gleichgültig, was auch immer passiert.	1	2	3	4	5
59. Absurde Ereignisse jagen sich bei uns.	1	2	3	4	5
60. Die Mitarbeiter verlieren leicht ihr Ziel aus	1	2	3	4	5
den Augen und tendieren dann dazu, eine rationale Erklärung dafür zu finden.	1	2	3	4	5
61. Die Fluktuation unter den Mitarbeitern ist überdurchschnittlich hoch.	1	2	3	4	5
62. Das Unternehmen akzeptiert keinen Mißerfolg. Alles muß perfekt sein.	1	2	3	4	5
63. Bestimmte Vorfälle lösen mit Sicherheit eine Überreaktion aus.	1	2	3	4	5

Die Auswertung des Gesundheitstests

Übertragen Sie Ihre Antworten auf diesen Auswertungsbogen. Addieren Sie die Ergebnisse horizontal, um die Einzelergebnisse für die jeweilige Krankheit zu erhalten. Wo die höchste Punktezahl erreicht wird, liegt die entsprechende Krankheit mit großer Wahrscheinlichkeit vor. Je höher das Ergebnis ist, desto ausgeprägter dürfte die Störung vermutlich schon sein. Für die einzelnen Krankheiten gilt die folgende Skala:

21 oder weniger	=	normal
22–28	=	möglicherweise krank
29 oder höher	=	wahrscheinlich krank

Nun addieren Sie die neun Einzelergebnisse. Ein Gesamtergebnis von 180 oder mehr kann auf eine mögliche Störung deuten, auch wenn kein erhöhtes Einzelergebnis vorliegt.

Manie

Aussage	1	2	3	4	5	*Ihre Wertung*
2						
11						
20						
29						
38						
47						
56						

Summe: __________

Manische Depression

Aussage	1	2	3	4	5	*Ihre Wertung*
3						
12						
21						
30						
39						
48						
57						

Summe: __________

Schizophrenie

Aussage	1	2	3	4	5	*Ihre Wertung*
5						
14						
23						
32						
41						
50						
59						

Summe: __________

Paranoia

Aussage	1	2	3	4	5	*Ihre Wertung*
7						
16						
25						
34						
43						
52						
61						

Summe: __________

Neurotisches Verhalten

Aussage	1 2 3 4 5	*Ihre Wertung*
1		
10		
19		
28		
37		
46		
55		

Summe: __________

Depression

Aussage	1 2 3 4 5	*Ihre Wertung*
4		
13		
22		
31		
40		
49		
58		

Summe: __________

Suchtverhalten

Aussage	1 2 3 4 5	*Ihre Wertung*
6		
15		
24		
33		
42		
51		
60		

Summe: __________

Zwanghaftes Verhalten

Aussage	1 2 3 4 5	*Ihre Wertung*
8		
17		
26		
35		
44		
53		
62		
	Summe:	__________

Posttrauma

Aussage	1 2 3 4 5	*Ihre Wertung*
9		
18		
27		
36		
45		
54		
63		
	Summe:	__________

Ermittlung des Gesamtwertes:

Manie
Manische Depression
Schizophrenie
Paranoia
Neurotisches Verhalten
Depression
Zwanghaftes Verhalten
Posttrauma

Gesamtwert:

Anhang B:

Zusammenfassung der Symptome und Behandlungsstrategien

Krankheit	Symptome	Behandlung
Manisches Verhalten	Hochstimmungen, Selbstüberschätzung, Aufregung, Vernachlässigung von Details, oft mit katastrophalen Folgen	Vertrag; Plan; Ankertechniken
Manische Depression	„Achterbahn" der Gefühle	Disziplin; auf den Unternehmenszweck konzentrieren; autoritärer Führungsstil
Schizophrenie	Desorganisierte Struktur, Chaos, keine klare Aufgabenverteilung	Kontrolle über Ziele gewinnen; einen Schwerpunkt finden; Maßnahmen müssen das Unternehmensziel unterstützen; Umstrukturierung
Paranoia	Mangel an Vertrauen, starkes Sicherheitsbedürfnis, große Angst vor Feinden außerhalb der Firma	Vertrauen; Gesetz der Gegenseitigkeit; Konfrontation mit der Realität; neue Richtung geben

Neurotisches Verhalten	Selbstzweifel, Lähmung, Angst, Nervosität, Unfähigkeit zu handeln	Verstärkungstherapie; Neudefinition des Problems; Gruppendruck; Konzentration auf ein neues Ziel
Depression	Apathie, Mangel an Energie, Initiative und Engagement; Schuldgefühle, Wunsch, alles aufzugeben	Ablenken und neu orientieren; Selbstwertgefühl stärken; einen wichtigen Erfolg ermöglichen
Suchtverhalten	Unfähigkeit zur Selbstanalyse, Abhängigkeit von der Wurzel der Sucht, Selbstzweifel, Unsicherheit, Rationalisieren	Konfrontation nach dem Aufbau einer Beziehung; Vergangenheit-Gegenwart-Zukunft-Therapie; Schocktherapie
Zwanghaftes Verhalten	Die Arbeit ist nie gut genug, Perfektionismus, Tendenz, Entscheidungen aufzuschieben oder zu vermeiden	Delegation; Entrümpeln von Vorschriften; Arbeitscharta; Regeln brechen
Posttrauma	Schock, nicht nachvollziehbares Verhalten, zu starke Beschäftigung mit der Vergangenheit	Aufeinander aufbauende Ziele setzen; Den Zusammenhalt stärken; Ablenkung verschaffen

Über die Autoren

William A. Cohen, Ph.D., ist Professor für Wirtschaft und Institutsdirektor an der California State University in Los Angeles sowie Verfasser von 28 Wirtschaftsbüchern. Er hat leitende Positionen in Großunternehmen und Regierungsbehörden besetzt sowie Unternehmen der Fortune 500-Liste und der mittelständischen Wirtschaft beraten. Unter anderem hat er die Bücher *How to Make It Big as a Consultant, Building a Mail Order Business, The Entrepreneur and Small Business Problem Solver* und *Developing a Winning Marketing Plan* geschrieben. Sein Lehrbuch *The Practice of Marketing Management* wird an 177 Universitäten eingesetzt.

Bill Cohen verfügt über einen Abschluß an der United States Military Academy in West Point, ein M. B. A.-Diplom von der University of Chicago sowie einen M. A.- und Ph.D.-Abschluß in Management von der Claremont Graduate School. Außerdem graduierte er mit überdurchschnittlichen Leistungen am Industrial College of the Armed Forces und ist Brigadegeneral in der U. S. Air Force Reserve.

Nurit Cohen, Ph.D., ist klinische Psychologin und Arbeitspsychologin. Sie war in den Vereinigten Staaten, Israel und Thailand tätig, wo sie in den Bereichen Management, Organisationsentwicklung und Personalentwicklung beraten und gelehrt hat. Dr. Cohen betreibt eine Praxis als klinische Psychologin und ist Chief Executive Officer der Beratungsfirma Global Associates.

Nurit Cohen hat einen B. A.- und M. A.-Abschluß in Arbeitspsychologie an der California State University in Los Angeles und einen M. A.- und Ph.D.-Abschluß in klinischer Psychologie an der California School of Professional Psychology erworben. Sie ist Mitglied der American Psychological Association und der California State Psychological Association sowie in weiteren Berufsverbänden.

Die Ehepartner ergänzen sich seit Jahren auch im Beruf ausgezeichnet. Sie sind gemeinsam in der Unternehmensberatung tätig, veranstalten Seminare und führen Marktforschungsprojekte für Unternehmen und Regierungsbehörden durch. Gemeinsam haben sie *Der Weg an die Spitze. Elf Schlüssel zu Erfolg und Macht* verfaßt, das in fünf Sprachen übersetzt wurde. Ihre Arbeit mit „kranken" Unternehmen unter Verwendung psychologischer Behandlungsmethoden begann 1986. Damals erkannten sie, daß die traditionellen Methoden der Psychoanalyse sich für den Einsatz in der Wirtschaft nicht eigneten, und fanden in der Verhaltenstherapie eine Behandlungsform, die schnellere Erfolge und eine gezieltere Behandlung von erkrankten Unternehmen ermöglichte. Nachdem sie ihre Ideen in der Praxis erfolgreich erprobt hatten, entstand das vorliegende Buch.

Bill und Nurit Cohen leben in Pasadena, Kalifornien.

Stichwortverzeichnis